"普通の人"だから勝てるエナフン流株式投資

每個人都能透視飆股

用5大法則掌握飆股的長相，在大漲10倍前搶先進場

奧山月仁——著
吳亭儀——譯

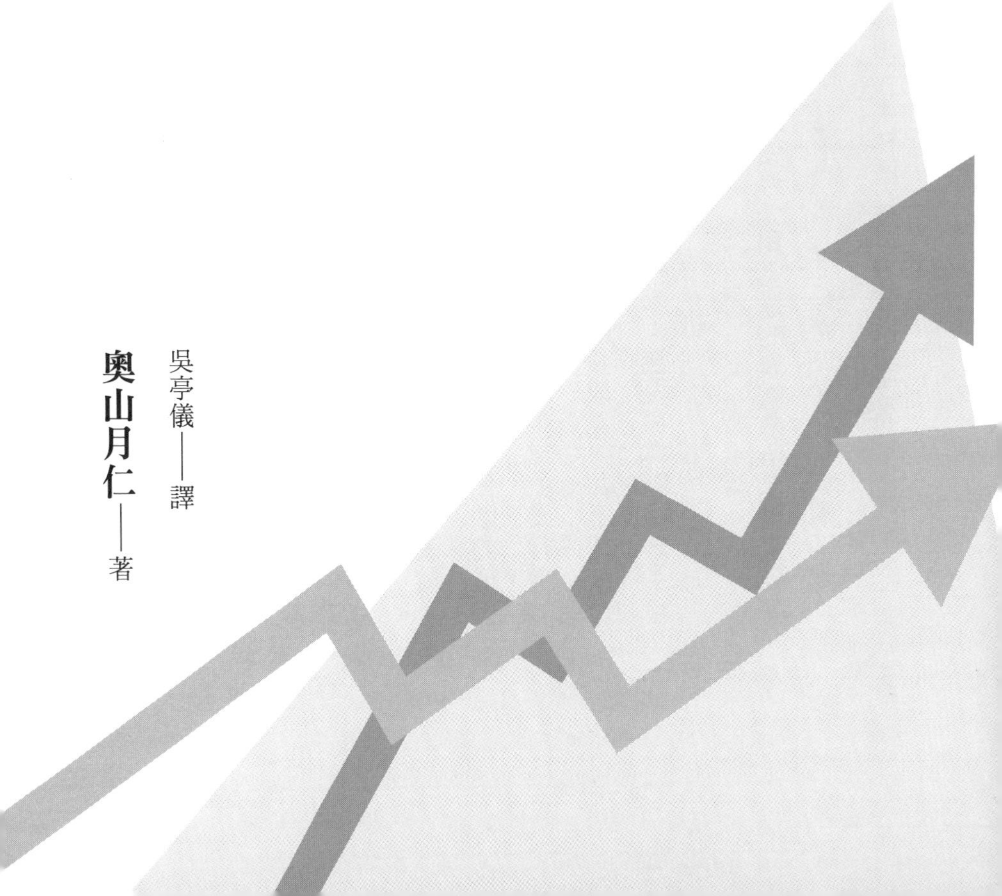

前言

上班族投資家
奧山月仁

我是一個普通的上班族。我從高中二年級開始接觸股票市場，算是很年輕就開始投資股票。大學時我進入了經濟學院，並在研討會中學習證券投資相關的理論。雖然如此，當時我在投資時一直是贏了又輸、輸了又贏，資產完全沒有增加。這樣的我，為什麼後來能夠透過投資股票，創造穩定的投資成果，甚至累積數億日圓的資產呢？一切都要歸功於美國的傳奇基金管理人：彼得．林區（Peter Lynch）。

自一九七七年開始，林區經營美國資產管理領導公司富達的旗艦基金（投資信託）十三年，平均年報酬率高達二九％（投資報酬），使基金的資產規模淨利潤增加七百倍。在很偶然的狀況下，我得到一本林區寫給業餘投資者的書籍，內容主要解說林區自己的投資方法。我一遍又一遍地閱讀，細細咀嚼書中提到的林區投資法，並將其應用在日本的個股，親身實踐書中的買賣投資方法。然後，當我意識到的時候，我已經增加了不少資產。

身為一個普通的上班族投資散戶，林區的著作《彼得林區 選股戰略》（One Up on Wall Street）、《彼得林區 征服股海》（Beating the Street）為我的投資人生帶來轉機，我希望日本的個人投資者都可以讀一讀這兩本書。

不過，讀完這兩本書仍摸不著頭緒的人，可能也不在少數。首先，這兩本書裡的內容是在網路普及之前寫成的，因此讀起來會有過時感。「這兩本書的方法現在還適用嗎？畢竟現代的股票市場，可以利用ＡＩ（人工智慧）高速處理來自世界各地的海量情報，並即時反覆操作買賣交易。」如果讀者有類似的疑問，也不是什麼奇怪的事。

此外，彼得．林區在股票投資領域是專家中的專家，難免有人會想：「業餘的投資散戶沒有那麼容易模仿大師吧？」加上書中介紹的投資具體案例，都是二十五年以前的美國企業，包含一些已經倒閉、目前已經不存在的公司，因此日本的個人投資者即使讀了這些書，也可能因為欠缺現實感而無法進入狀況。

因此我決定寫一本書來說明自己實踐至今的股票投資法。我依照林區的方法在日本買賣個股，成功為自己建立了上億元的實質資產。如果是這樣的我，以自身為出發點，透過日本企業的股票實例來介紹林區投資法的精髓，我相信自己應該能寫出一本對日本散戶具有參考價值、又能認同的書。這就是我的想法。

我常常覺得，日本應該要有更多人加入投資個股的行列。如果更多擁有各種不同觀點的投資者參與，股票市場就會變得更蓬勃，它的市場機能也會更完善。不只金融專家，如果有更多精通各個行業、專業領域的商業人士，透過他們獨特的視角加入股票市場，我們就能預期股價將可以更合理地被反應。

事實上，很多拿起這本書的讀者，恐怕都有過這樣的經驗：當你在讀媒體對自己工作業界的報導，或是股票分析報告時，有一種奇怪的違和感。「雖然內容並沒有出現明顯的錯誤，但就是沒寫到最重要的關鍵」。如果你經常有這樣的想法，你就更應該加入股票市場。

另外，我看到周遭的上班族，也很希望為他們帶來勇氣。大多數的人都認為「自己一輩子都不會變成有錢人」而放棄致富。如果想要出人頭地，就得用必死的決心戰勝同袍競爭對手，從一介小員工力爭上游，但這不是一件容易的事。在過程中，不少人被工作壓垮，罹患精神疾病的人也不在少數。你是否被迫困在眼前的狀況之下，甚至被「無論怎麼做，我永遠無法成為有錢人」這種負面想法所束縛？股票投資可以從根本顛覆這種人生觀。

事實上，本來就很會操作股票投資的人，絕對無法體會這種幸福。即使你幫助公司在工作上取得成果，也未必能夠獲得上司的認同。從這個角度來看，股票市場則是百分之百實力至上的社會，只要你能正確判斷並付諸行動，你的所有努力都會表現在成果上，並得到相對應的評價，投資報酬率也很驚人。假如你花五十萬購買的股票價格提高三倍，等於增加了一百萬的資產。想要靠領死薪水增加一百萬的資產，到底要多努力才能達成？

只要你能靠投資股票大幅增加資產，你的人生就有其他選擇，例如你可以把辭職信丟在上司臉上說：「這種公司，我不幹了！」我自己因為還沒有辦法下定決心離職，所以現在還是一個普通的上班族，但是因為我擁有一張名為「不想做隨時可以辭職」的王牌，我可以放下肩上的重擔，在工作中感受到的壓力也大幅減輕。另外，你開始學習投資股票所獲取的知識，不只能夠用在投資上，也一定可以在你原本的工作中派上用場。

順帶一問，你目前究竟有多少存款呢？在銀行想方設法尋找貸款方的今天，你是否確定自己存入銀行的錢，正被社會有效運用？透過投資股票將資金提供給今後有成長潛力的公司，對社會來說確實是一件相當有意義的行為。

投資股票是把死錢變活錢的一種方法。你的努力不但可以得到合理的評價，你的人生也不再只是被綁在公司裡，而且你還可以不斷學習新知。你不僅可以把自己的財富和才能完全貢獻給社會，更可以過上富裕的生活。這才是所謂的理想人生，不是嗎？

不可思議的是，儘管股票投資對所有人敞開大門，大多數人卻從來不去接觸。我想這其中存在著各式各樣的原因。我只能說，在日本學習如何投資股票跟學英文或各類運動不同，幾乎找不到任何系統性的教學；把專業術語從頭學過一遍之後，就只能靠自學和膽識來進行投資。在這當中，只有少數人能夠順利累積經驗並建立起自己的投資風格，更多初學者在獲得成果之前，就因為不斷虧損而遭到淘汰。

因此，本書以我獨創的「連起來分析法」（懂優勢．懂趨勢．懂原理．懂弱點．懂情報）為架構，*透過容易理解又系統性的解說，為試圖突破新手村的投資者指出一條明路。

*譯注：連起來（つなげよう）分析法，是由作者提到的五個方法的開頭第一個平假名文字組成，為一個在日文上方便記憶的口訣。

你已經在投資股票，卻總是無法上手？還是你今後考慮開始投資股票？或是你雖然投資順利，卻仍想重新審視自己的投資考量？不管你的需求是什麼，我都希望自己有幸能讓更多的投資者讀一讀這本書。

PART 1

懂優勢

了解屬於自己的獨特優勢

個人投資者只要建構屬於自己的投資策略，即使面對投資專家也足以打一場勝仗。投資自己周遭的企業，或是運用工作上的知識來進行投資等等，這種想法正是彼得．林區流長期投資法的基礎。

PART 2

懂趨勢
了解複雜的股價趨勢

以下三大趨勢影響了所有股票的長期股價：①企業的成長②市場價格③市場評價的改變。當一支股票的價值明顯低於它的企業實力，買入並長期保有這支股票，就能獲取高額回報。

PART 3

懂原理

了解決定股價的原理原則

股價會產生波動，一般來說是基於幾個簡單的原理原則，只是由於好幾個因素交織在一起，使狀況看似複雜罷了。瞭解市場趨勢，並根據企業本身狀況一起評估，正確判斷股價究竟是便宜或昂貴。

PART 4

懂弱點

意識到只要是個人投資者、只要是人都有的弱點

「投資必須是理性的。如果你不能理解它，就不要做。」這是美國股神巴菲特的經典名言之一。股票投資的原則是購買跟自己的事業內容相關、可以理解的公司的股票，對投資人來說，最大的弱點就是「不能理解」。

PART 5

懂情報

閱讀決算書表和公司資料，務必取得並掌握情報

很多人沒有掌握「企業大致如何運作」這個基本概念，並且對自己投資的企業有所誤解。如果你想靠投資股票賺錢，就不能被企業表面的形象拉著走，必須培養能夠全面性地掌握企業整體狀況的能力。

目錄 CONTENTS

PART 1

懂優勢

業餘也能大獲全勝，開始實踐彼得．林區流投資法吧！

兩年前的二〇一六年，我透過集中投資索尼公司賺了不少錢。我從該年的二月開始買進，但當時由索尼研發、可以體驗虛擬實境的產品「PlayStation VR」，幾乎沒有引發話題。不只如此，當時每桶原油價格跌破三十美元，使得全球經濟觸底，索尼的股價也極度低迷（圖1-1）。然而，**不斷上升的市場總是出現在完全悲觀的狀況之中**，我不受外在環境影響，下定決心買進並收到了成效。

近年來，一提到個人投資者，短線交易的印象似乎很強烈，然而我的投資風格完全相反。因為我是一個上班族，沒辦法每天花很多時間盯著電腦，反覆確認股價的變化。因此我的投資策略是，**完全無視短期的股價變動，長期持有股票，目標放在企業成長和業績回溫時帶動的長期股價上漲**。我持有的股票也不多，通常只會**集中投資大約五支股票**。如果持有太多支股票，即使你在索尼這支熱門股票上賺錢，對整體資產的正面影響也會因為其他股票而淡化。

我的投資風格或許較為激進，但是打從一開始我投資股票的理由就是「運用剩餘資金，讓自己更富有」，因此我認為採取攻勢的投資風格對我來說是可以接受的。

遇見這本書，為我的投資人生帶來轉機

一般來說，若要確立這種攻擊型的投資風格，需要花上一段時間，其間不斷重複賺錢、虧錢的過程，資產可能完全沒有增加。我也曾經從頭學習股票分析、短線交易，但不管哪一種方式都不適合我。正當我感到困惑的時候，我遇見了一本書：《彼得林區 選股戰略》，由美國的傳奇基金管理人彼得．林區所著。書籍的副標題是：「用業餘的智慧創造專業奇蹟」。＊我試著讀了這本書，發現書中的

＊譯注：此為日文版設定的書籍副標題。

概念具有普遍性，並從本質出發，甚至你會誤以為作者「正在說明現在的日本市場」。這本書是一九八九年在美國出版，因此內容完全都是一九八九年以前跟美國相關的話題。

「這本書提到的投資法是否能適用於現在的日本？我想試著實踐看看。然後再把實踐的內容公開在部落格中，讓這個投資法更加廣為人知！」抱持這樣的想法，我在二〇〇八年五月開設部落格「奧山先生的梨子樹」（エナフンさんの梨の木）。同年七月，我開始公開運用一百萬日圓來進行投資，然而兩個月後發生了雷曼兄弟事件，我的投資額在一夕之間減少了七十萬。這完全是暴風雨開始的徵兆。

但是在那之後，林區的投資法發揮了強大的效果。林區說明：「**不受歡迎的業種，由於人們不想購買這類型公司的股票，因此股價傾向維持在較低的價格。**」我跟隨林區的投資法，買入了正在急速成長的名古屋葬儀公司TEAR的股票之後，同年剛好碰上《送行者：禮儀師的樂章》這部電影的爆紅風潮。該電影從各

圖 1-1

索尼公司與日經平均指數的股價比較

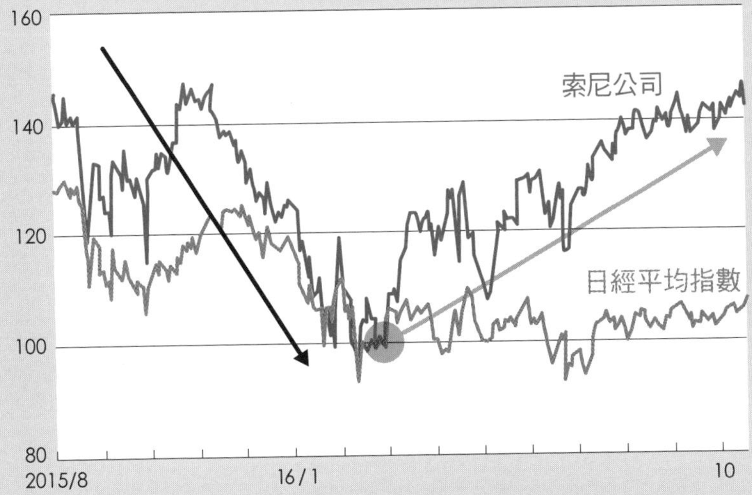

注：以2016年2月最後一天的收盤價為100進行指數比較

索尼於2016年10月發售的產品「PlayStation VR」組合與使用狀況

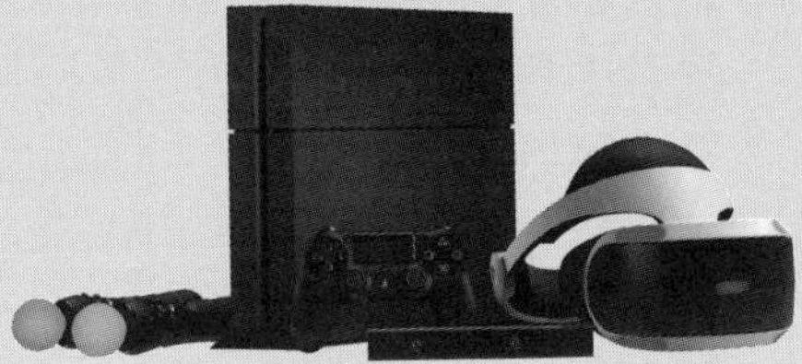

全球暢銷書《彼得林區 選股戰略》

種角度描繪一位成為納棺師的男子，他的人生糾葛與自我成長，因此連帶使得TEAR公司的股價大幅上漲。託電影的福，在市場整體處於極度低迷的狀態下，我第一年的投資才能夠以獲利收場。

勝利會抵消大部分的失敗

下一支大漲的股票是Arcland Service有限公司，日本知名的低價豬排專賣店「吉豚屋」即隸屬於此公司。

林區認為「近在眼前的品牌才是投資標的」，而非異常困難的股票。像是要印證林區的話一般，當時本益比（Price-to-Earning Ratio，PER）五倍、股價淨值比（Price-Book Ratio，PBR）〇．五左右，超便宜的這支股票，每股盈餘（Earnings Per Share，EPS）竟然只花七年就成長了四倍以上。隨著公司利潤的成長，這支股票也不再便宜，股價慢慢地被推高，結果它的股價令人驚訝地從最低價大漲了二十倍。

其他我買過並賺錢的股票有：販賣醫療器材的ＤＶｘ，上漲十倍；經營二手商店的Treasure Factory，上漲五倍（與最低價相比其實上漲了十倍，但我發現這支股票時已經遲了，買進時的價格已經來到最低價的兩倍）。這些賺錢的股票抵銷了其他不少虧損的股票。

效法林區投資法的關鍵在於：「**只要專注於找出後勢看好的企業並於低價時買入，剩下的只要等待即可，這麼做即使你是業餘投資者也能大幅獲利。**」只是這個簡略得過分的戰略，實行起來並沒有那麼簡單。因為歐債危機、東日本大地震等事件相繼發生，我的資產以每天蒸發一〇％的速率減少，好幾次我都覺得自己擔心到快要發瘋了。走過了這些經驗，後續讓我來逐一向各位讀者說明我的投資方法。

POINT 1 只要投資便宜的成長股，業餘也能大獲全勝

獲利可達十倍的飆股，潛藏在「意想不到」之處

因為工作的關係我經常出差，我在全日空航空公司（ＡＮＡ）預約前往九州的航班時，曾經搭乘過一種機身全黑的客機，那是與全日空共同營運的星悅航空所擁有的飛機，不僅座位寬敞，點咖啡甚至會附上一塊巧克力。根據星悅航空的官網，它在「ＪＣＳＩ日本顧客滿意度調查」針對日本國內航空業種的研究中，連續九年獲得日本國內航空業顧客滿意度調查第一名。

作為一名使用者，當我體驗到令人滿足的服務，我一定會調查該公司的資料，這是因為**飆股大多隱藏在生活周遭**。我第一次調查這家公司的時候，正值二〇一六年十一月，剛好是唐納．川普（Donald Trump）勝選美國總統後不久，當時無論匯率或是油價都正在經歷劇烈變動（圖1-2）。在那樣的狀況下，購買容易受

到匯率和油價影響的航空公司的股票，各位或許會覺得風險太高。但我依然決定「先少量買入再觀察後續狀況如何」。

錯過十倍成長股的慘痛經驗

即便如此，過去我也曾經有過好幾次失敗的經驗。二〇一〇年時，我第一次在「多米旅館」住宿，享受了接近完美的客房品質、大型浴池，還有相當美味的早餐。因為相當滿足於那一次的住宿體驗，我以四五〇日圓的價格買入了經營多米旅館的母公司Kyoritsu Maintenance（共立メンテナンス）的股票。我查了這支股票的幾個指標，它的本益比約在十倍左右、股價淨值比大約是〇．五左右，整體來說相當便宜。

但是由於我在雷曼兄弟事件虧錢的陰影猶存，考慮到當時的經濟狀況，我轉念一想，認為「苦於通貨緊縮的旅館業，應該很難急速成長吧」，因此我在該股票上漲了約三成左右時，就賣出了該股票。彷彿是在跟我唱反調，這支股票後續仍持續上漲，並於二〇一五年十二月上漲至五三二五日圓，成為一支「十倍股」（Ten-Bagger）。

當一家公司牢牢抓住客戶需求，踏上了成長的軌道，其股價上漲的程度實在令人大開眼界——兩倍、三倍不意外，有的公司甚至會像Kyoritsu Maintenance一樣，達到夢幻的十倍（圖1-3）。**像通貨緊縮這種來自於外在環境的負面因素，長期來看也為我們創造了購入股票的時機。**這次失敗的教訓，牢牢刻劃在我的心中。

邊上班邊投資的優勢

我自己是一邊上班一邊持續投資股票，但是我想應該有讀者會認為，「辭掉工作，專心投資賺得比較多」。我認為這種說法未必正確。作為一個業界的專業人士，**在熟稔業務運作的同時又投資股票，這種作法有其優勢。**

如果你是一位現代的商業人士，即使不喜歡也必須學習會計和商業運作模式，但是你可以直接把它運用在投資上。你能身處第一線，最快速地取得最新業界情

圖 1-2

星悅航空的股價走勢

—13週移動平均線　—26週移動平均線

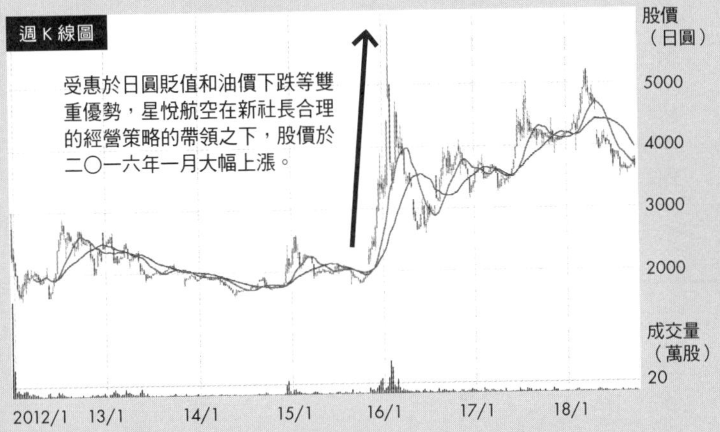

圖 1-2

Kyoritsu Maintenance的股價走勢

—13週移動平均線　—26週移動平均線

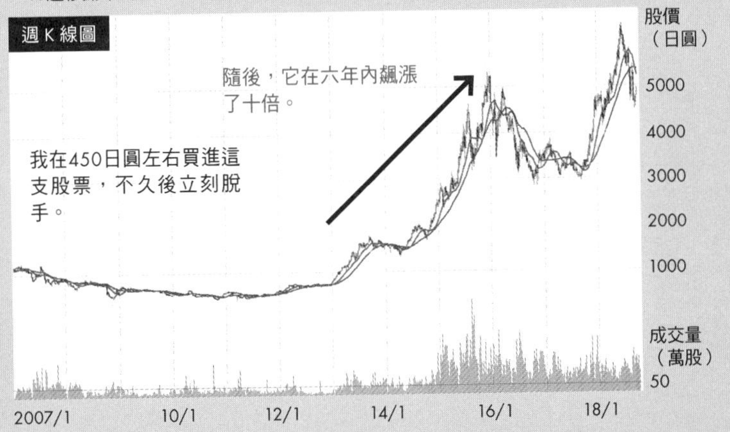

報，這一點相當有利。假如你需要出差，搭乘的航空公司和住宿的商業飯店也可能成為你的投資標的。只要你能統整平常工作中隨處可得的情報並加以運用，你就能建立唯有商業人士才能辦到的投資風格。

一談到股票，總有人認為「必須購買某個遙遠企業的股票」，但事實並非如此。對兼職投資的散戶來說，愈是投資近在咫尺的企業會愈有利。**投資自己周遭的企業，或是運用工作上的知識來進行投資等等，這種想法正是彼得．林區流長期投資法的基礎。**

你必須投資股票的另一個理由

從另一個觀點來看，我依然認為日本的上班族應該更積極投入股票投資，因為最熟悉業界的商業人士對企業做出評價並成為股東，可以使股票市場變得更有效率。如我先前所述，賺大錢的可能性就存在這些市場當中，只是你還沒有注意到而已！

「連起來分析法」的五個投資技巧

懂優勢

➡了解屬於自己的獨特優勢

懂趨勢

➡了解複雜的股價趨勢

懂原理

➡了解決定股價的原理原則

懂弱點

➡意識到只要是個人投資者、只要是人都有的弱點

懂情報

➡閱讀決算書表和公司資料，務必取得並掌握情報

此外，現今的日本是一個資本主義掛帥的社會。在貴族社會或是武家社會的時代，農民的財富都被貴族和武士徵收；套用一樣的邏輯，在資本主義社會中，在公司工作的人們所賺取的財富，最後仍然會流向資本家股東的口袋。先不討論這樣的制度究竟是好是壞，你必須知道這就是現實狀況。

幸好現今的日本同時也崇尚自由主義。如果你想成為股東，只要準備幾萬到幾十萬塊的資金，每個人都可能加入資本家的行列。當然，就像貴族和武士為了拓展勢力互相鬥爭，股東也必須戰勝其他股東，在股東之間的嚴峻戰爭中生存下來。**然而手中握有一些籌碼的個人投資者，只要建構屬於自己的投資策略，即使面對投資專家也足以打一場勝仗。**

我希望「即使你是投資初學者，也能自己選出適合投資的股票」，從這個方向出發，我構思了「連起來分析法」這個投資架構（參考二十九頁）。

❶懂優勢：了解只有自己才有的優勢。

❷懂趨勢：了解複雜的股價趨勢。

❸懂原理：了解決定股價的原理原則。

❹懂弱點：了解只要是個人投資者、只要是人類就有的弱點。

❺懂情報：閱讀決算書表或公司資料，務必掌握情報。

投資股票必須具備的技巧都集中在這五個要點當中，為了好記我把五個技巧的第一個日文字抽出來組合在一起，將這個投資法命名為「連起來分析法」（つなげよう分析）。從下一頁開始，我會從第一個技巧「懂優勢」開始進行解說。

POINT 2 賺大錢的可能性就隱藏在你的周遭

首先「找到自己的優勢」，雖然很容易被忽略，威力卻不容忽視

不管你是運動員也好、商人也好，要在領域中一拚輸贏，首先都必須**了解自己的優勢再加以延伸，這才是勝利的鐵則**。股票投資也不例外，然而許多個人投資者都不願意經歷這個過程。不顧自己的強項，反而去購買在網路上蔚為話題的股票，這樣是不會有贏面的。

你的優勢隱藏在工作和興趣之中

那麼，在股票投資這方面，你的強項是什麼？先把你自己的優勢，從頭到尾全盤整理過一次會比較好。不需要把這件事想得太困難，因為**你擁有的大部分優勢，就等於你的人生**。

舉例來說，**如果你是一個上班族，你就能活用在職場上的所見所聞來投資股票**。在化學公司上班的人可以購買化學類股，半導體相關企業的員工就瞄準半導體類股做為投資標的。說得更具體一些，例如你所閱讀的業界專業性刊物，經常鉅細靡遺地報導業界近期的各項事件，如果在這些訊息當中提到業界成長快速的新興企業，這就可能成為具有前景的股票候選之一。你或許可以比歐美那些避險基金的基金管理人，更能準確地判斷該公司的前景；我自己也曾經靠這個方法大獲全勝。

此外，你在職場中經常使用、帶來諸多便利的網路企業，也可能是有趣的投資標的。既然你能實際感受到該公司的良好服務，投資這家公司應該也能充分發揮你的優勢。大概五年前左右，我聽到經營工廠的叔叔在抱怨：「如果當初有買平常用的MonotaRO的股票就好了。如果我在一開始知道它的產品有多方便好用那時就買進，現在已經大賺十倍了。」

MonotaRO主要從事工具和間接材料的網路銷售業務，長期被稱為「工廠界的亞馬遜」，對工廠來說是不可或缺的存在。然而，對那些在東京的大手町站上班的金融專家來說，MonotaRO是他們無緣得知的品牌。我的叔叔當然很早就知道這家公司的優點，他卻沒有發揮自己的這項優勢，實在非常可惜——不過，我還沒說到比這更令人扼腕的事呢。事實上，我聽到叔叔抱怨的時間點，是該股票已經上漲十倍的時候了，然而即使在那時買入這支股票也不算晚。MonotaRO的股價後來持續上漲，截至二〇一八年九月五日，它的股價飆高至六五五〇日圓，居然比上漲十倍當時的股價又高了十三倍（圖1-4）！

工作以外，你可以**把興趣本身視為一種優勢來活用**。不用想得太複雜，不需要是那種可以跟別人誇耀的興趣。例如玩遊戲，就像靠著「精靈寶可夢GO」（Pokémon GO）爆紅而急速成長的任天堂，遊戲領域裡面也陸續出現了幾支飆股。對喜歡汽車的人來說，原名富士重工業的速霸陸公司也可能讓你獲利十倍（圖1-5）。因為我實際感受到這家公司的商品和服務品質相當優良，即使僅以此來判斷，我認為這也比那些只看決算書表和網路情報就投資的人來得有優勢。

圖 1-4

MonotaRO的股價走勢

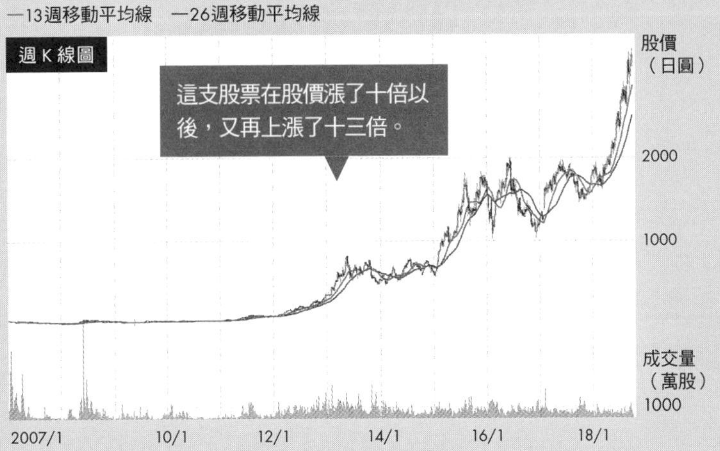

圖 1-5

富士重工業的股價走勢

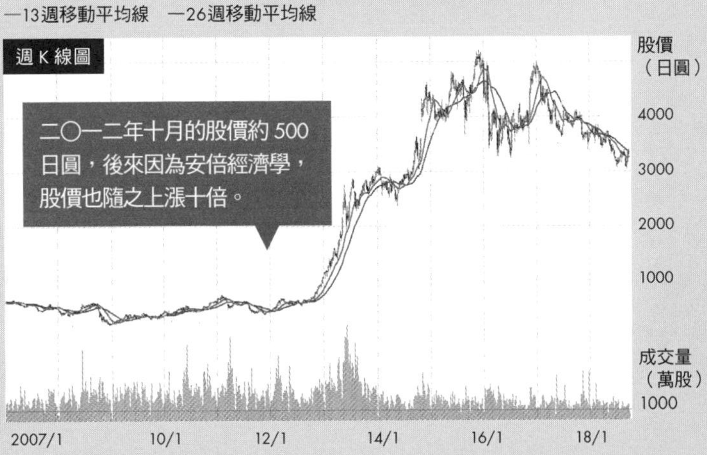

微小的堅持會成為你的力量

上市公司有好幾千家，投資者不可能完全理解所有公司，所以你只要鎖定自己熟悉的領域並深入研究即可。**如果你研究的領域是你的工作或興趣，對你來說很容易理解，對其他人來說卻很困難**。不管是去深究數字還是預測將來，你都能活出獨特的自己，最重要的是充滿樂趣。正所謂「精益求精」，或許這才是最重要的事。

另一方面，透過深入研究相關的企業，對你的工作和興趣也可能產生正面影響。如果你要投資股票，因為關係到自己的財產，嚴重程度不可同日而語。透過查詢投資目標的官方網站，或是從頭到尾詳細閱讀該公司的財報資料，都可以磨練你的專業知識。事實上，我的合作夥伴經常驚訝地告訴我：「你真內行，竟然熟悉到這個地步。」

說得更深入一點，甚至是那些**稱不上工作和興趣的堅持或志趣，也足以成為你的優勢**。因為我對豬排的熱愛，我買入了豬排專賣店「吉屯屋」的母公司Arcland

Service有限公司這支十倍股。九年前因為妻子的關係，我得知了Seria這家潮流百元商店，它的股票成長趨勢相當驚人，股價由最低價攀升了一百倍。然而，很遺憾我並沒有購買這支股票，因為當時我尚未意識到妻子的優勢就是熱愛購物。經歷過這個教訓，我強烈建議各位好好**挖掘整理家中成員的優勢**，或許你會出乎意料從女兒那裡得知兒童相關企業的大飆股也說不定。

POINT 3 每個人都有自己獨特的武器

初學者也能選中飆股，你也能看出來的七大特徵

每當初學者問我：「要開始買股票，我首先要做什麼？」我一定會建議他們：「先開設一個帳號，開始買股票。」首先開始嘗試買股票，同時開始研究股票，我認為這是最有效率的方式。

如果你沒有實際進入股票市場的經驗，不管你看多少書和雜誌，都沒辦法真正讀到腦子裡。一開始操作得不好也沒關係，只要你沒有採用太極端的策略，例如突然投資極受歡迎的股票，或是靠信用交易操作槓桿等，你通常不會虧損太多。此時只是以練習為前提進行投資，因此投入少量金額就足夠了。

此外，你還可能遇上新手的好運道。你可能搞不清楚狀況、有樣學樣地買股票，結果股價還上漲了好幾倍，就像三十年前我第一次買的那支股票，股價在一

年半的時間內就上漲了三倍。接下來就要跟各位介紹，這類型的飆股有什麼樣的特徵。各位在買入身邊品牌的股票之前，也請先確認那支股票是否有以下這些特徵，再決定是否購買。

「飆股」的七個特徵

① 成長顯著到惹人厭的競爭對手

在你工作的業界當中，如果有那種雖然暫居下風，但是成長速度快到讓你覺得很討厭的競爭對手，它就是頗具潛力的企業。正因為它讓熟悉業界的你覺得「很討厭」，證明了該企業相當優秀。在抱怨那家公司「擾亂業界秩序」之前，趕快買入這支股票並研究它的商業模式，對你來說是更有利的做法。

② 擅於運用其他公司技術

對投資人來說有魅力的企業，令人意外地不一定是那些提供創新技術的公司，而是能運用這些技術的公司。例如由美國蘋果公司所推出的人氣商品iPhone，就得到了八百多家日本企業的技術支援。當然，最賺錢的公司並不是那些日本企業，而是蘋果公司。自一九九九年以來，蘋果的股價成長了一百多倍，市值穩居全球第一。

③業績條狀圖呈現成長趨勢

我在調查企業的官方網站時，如果看到長期呈現業績成長趨勢的條狀圖，就會不自覺地興奮起來。我最喜歡的公司Comture Corporation，是一家支援客戶建構情報系統的ＩＴ企業。如圖1-6所示，這家公司自成立以來已經持續穩定成長超過十年，它是上市之後能夠長期維持成長趨勢的股票類型。只要發現這類型的圖表，我都會有股靈光一現的感覺。

此外，由於這類型企業的股價有隨著時間上漲的特性，所以不要做短線交易，長期投資會是比較有效的做法。

圖 1-6

對業績正在成長的企業保持敏感！

Comture Corporation 的銷售走勢圖

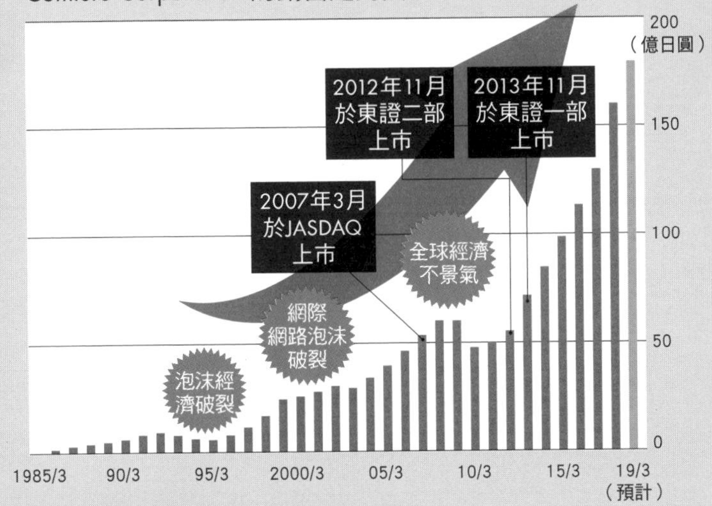

從「PlayStation VR」開始，陸續出現生產力不及購買力的產品，索尼公司的股價因而不斷上漲。

④完全沒人討論

股價上漲通常基於兩個因素：企業本身的成長，以及低價股的價格修正。如果你要購買的公司都是成長股，那當然要選擇股價較低的股票。價格低的股票通常都是在市場上不受歡迎的股票，但是那只能代表這支股票目前不受歡迎，並不代表它以後也會一直不受歡迎。如果你眼光獨到，發現了一支在市場上不受歡迎卻很有潛力的股票，那就持續持有它吧。未來當市場注意到這支股票的成長潛力時，它的股價就會因此成長數倍。

⑤排隊、完售、要預約

至今為止沒有聲量也不顯眼的企業，也可能在某一天突然掌握了市場的需求，致使股價急遽上升，一躍成為眾人追逐的明星股。這種夢幻般的事件跡象很可能就在你的身邊。如果有一天，你沒辦法馬上買到想買的東西，必須預約或排隊才買得到，一旦發現這種狀況，最好馬上調查販賣這項商品的公司現況。

圖 1-7

卡樂比（Calbee）的股價走勢

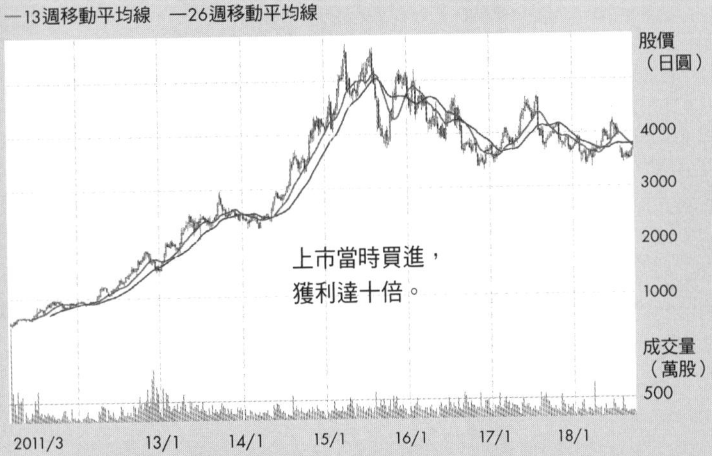

圖 1-8

美國星巴克（Starbucks）的股價走勢

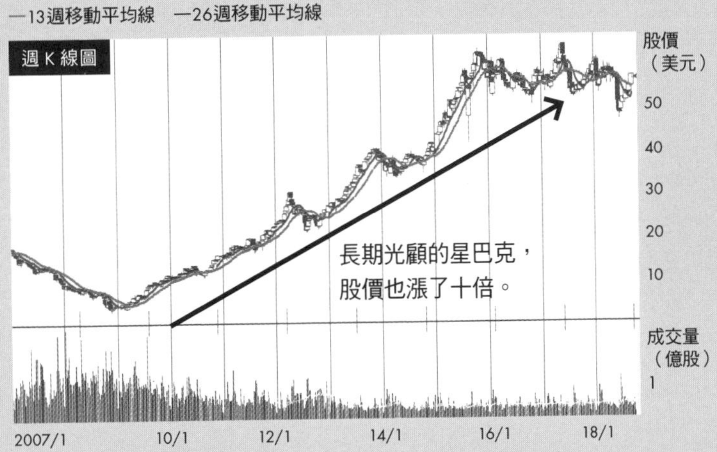

⑥商品具有讓人上癮的特質

如果你的目標是食品或外食相關的品牌，比起好不好吃，更應該著眼在令人不自覺想吃，容易讓人上癮的商品，例如咖啡、香菸、洋芋片、炸豬排、激辛、健康食品……等（圖1-7、1-8）。很多人購買容易上癮的食品，不一定是因為產品好吃，但是提供該商品的企業，其股價卻多半長期維持得相當平穩。同樣的道理，不要忘了像遊戲、ＳＮＳ（社群網站）或動畫等容易讓人沉迷的領域，也可能會突然冒出令人意外的飆股。

⑦潛力股周遭的品牌可能是下一個潛力候補

近年來，小賣店、外食相關領域也陸續出現十倍股。這個趨勢的背景，在於該領域內多種技術的變化以及產業結構的改變。例如，伴隨高速公路和道路分流的整備，使得人的移動狀況產生變化；或是由於價格低廉、工期又短的乾式工法普及，讓展店的速度變得更加快速；以及能夠儲存大規模銷售資料的ＰＯＳ系統

（銷售時點情報系統）愈來愈普及等。這些都有利於新興戶外型連鎖店的崛起，這些變化同時也為許多相關企業帶來了相當大的改變。

當你偶然發現一支有潛力的股票，若能夠仔細考察它的成長結構並尋找具有類似結構的相關企業，或許就可能找到下一支具有潛力的飆股。以目前來說，你必須非常注意「ＡＩ（人工智慧）」或所有與網際網路相關的「ＩｏＴ（物聯網）」技術。

POINT 4 如果你的目標是飆股，就必須掌握這類股票的特徵

專欄
01

「懂優勢」與讀通《公司四季報》

「懂優勢」這一章主要是說明如何從日常生活的發現來尋找成長型股票。然而，只有這些方法還不夠，接下來我會繼續說明。

你發現了一間很棒的鬆餅店，而且確信「這間店一定有賺頭」，但是當你試著去查經營鬆餅店的公司，可能會發現它還沒上市，或是它雖然有上市，卻是總銷售額高達一兆日圓的大企業所經營的最新事業部門。如果是後者，若該公司只有鬆餅店本身的業績成長，其他事業卻積弱不振導致公司整體的業績狀況不佳，那麼我們也無法期待這家公司的股價有任何上漲的可能。因為種種因素，你可能會不斷經歷類似的狀況，一直無法找到令人眼睛一亮的成長股。

因此另一個可行的方法，就是最好同時執行「從已經上市的企業當中尋找有潛力的股票」。具體來說，我目前正在實踐的方法是，確實讀完東洋經濟新報社所發行的股票投資情報季刊《公司四季報》（以下略稱為四季報）。*

讀季報很辛苦，但很有價值

「欸～那麼厚的書要在三個月內讀完，不可能！」

我一提到讀四季報，很多人就會非常驚訝並且下意識感到抗拒，但是我希望各位仔細考慮看看。就算你為了工作每天忍耐，一年能存下來的錢其實相當微薄；假如你一年能存一百萬，持續努力不懈十年，你才終於能存到一千萬。

另一方面，如果你認真尋找成長股，花一百萬買進「十倍股」，之後你什麼都不用做，這一百萬就會自己增長到一千萬。就算買不到十倍股，只要你投資的股票在買入後上漲兩、三倍，你在金錢方面的寬裕程度也應該會徹底改變。為了努力達到這個目標，我認為「閱讀四季報」這種程度的付出十分合理。各位有沒有

＊編注：台灣亦有類似的刊物，或可至「公開資訊觀測站」網站搜尋各公司季報。

同感呢？

接下來讓我更詳細地說明，努力讀完四季報的好處是什麼。首先，你可以一口氣全面了解上市企業。《公司四季報》刊登了三千七百一十五家公司（二〇一八年四集．秋季號），數量確實相當多，但這個資訊量還沒有龐大到完全無法處理，大學考試所需的英文單字數量還大於這個數字（據說是五千個字）。知道的單字量不足，你就不可能在英文考試當中獲取高分；同樣的道理，如果你缺乏與企業相關的知識，你就不具備發現飆股的能力。

閱讀每一期的四季報，你會漸漸地記住公司的名稱和公司的整體概況。短時間內，閱讀四季報可能不會為你帶來成果，但是就像閱讀英文單字一樣，你的努力總有一天會有成效，同時你也確實地在累積實力。

有一些投資初學者或許會誤以為，「在某處存在著一種即刻獲利的方程式，是否掌握這個方程式，將會決定一個人的勝敗」。但這種方程式當然是不存在的。持續累積知識，透過每天不斷地實際投資，才能漸漸累積自己的投資實力。不過如同學習英文單字有訣竅，累積投資知識也有訣竅。為了讓你更快記住這些訣竅，本書使用「連起來分析法」的架構，來依序說明這個訣竅裡面的各項因素。

閱讀四季報的第二個好處，是可以透過持續閱讀，讓自己有能力判斷市場動態。透過快速地大致瀏覽所有企業的本益比、股價淨值比、股東權益報酬率、市值等幾個主要的股價指標，可以知道市場大概維持在什麼樣的狀況，也能對大致的數字有一點感覺和掌握度。

如果你只看自己持有的股票，你會一直覺得它還有上漲空間，另一方面也會不斷擔心股價可能什麼時候會下跌。透過閱讀四季報，對大多數企業的實際數字有所掌握，就能在判斷自己持有的股票究竟是低價還是高價時，有一個實際的判斷依據。

市場是活的。即使你在網路上可以獲取「當本益比低於十倍、股價淨值比低於一倍，可以判斷為低價股」等知識，但是只靠這些是不夠用的，因為低價有低價的理由，逐一去了解這些理由並同時確認本益比和股價淨值比，你才開始真正具有判斷低價或高價的能力。為了讓自己擁有這樣的能力，必須閱讀四季報。

「堅持就是力量」幫你取得成果

第三個好處是如果你讀通四季報，發現成長股的機率也會大為提升。一般來說，再怎麼打開天線，你都難免陷入心理上的盲點，因而沒有注意到有投資價值的標的。但是透過四季報來了解具體的公司情報，就像突然找到了最後一塊拼圖，能夠幫助你挖掘出有潛力的股票。具體的方法，我會在第二章後面的專欄向各位讀者詳細介紹。

閱讀四季報的最後一項優點，就是能夠掌握股票上漲的趨勢。具體的做法我一樣會在第二章的專欄部分進行說明，不過一般來說，我會在四季報刊載的企業當中先選出幾個我認為有潛力的公司，再從中選出潛力數一數二的企業來進行投資。透過這樣的方式，我仔細用心地持續關注公司的情報。

在這其中，經常發生這樣的狀況：原本選出來但最後判斷「不買進」的股票大幅上漲。「糟糕，這支股票竟然漲到這種地步……」這種挫敗感，恐怕你會嚐到很多次。此時，請不要「因為後悔而不再關注這家公司」，而是要抱著「為什麼反而是這支股票上漲了」的心情，仔細調查原因。這麼一來，你就能靠身體力行來理解股價上漲的理由。

一開始只專注在引起自己興趣的股票也沒關係

最後，關鍵在於反覆去實踐。透過反覆實踐來累積實力，你才能獲得「投資能力」這項真正的資產。只是對投資初學者來說，突然要你讀完四季報確實門檻太高，因此我想對初學者推薦一種方法，就是針對你充分了解、亦即可以讓你發揮優勢的企業去閱讀。

從第一頁開始，用最快的速度大致讀過各個四季報，只在有興趣的企業篇幅認真閱讀。即使只讀有興趣的企業，應該也有一百家左右吧。從這個數字開始慢慢增加閱讀的數量，實際體驗到操作股票的快樂，總有一天你會變成「不讀完四季報反而覺得渾身不對勁」。就結果來說，跟獲得的回報相比，付出閱讀四季報這種程度的努力是再划算不過的事了。你慢慢會理解到這一點。

讀通《公司四季報》的四個好處

01 一口氣全面了解上市企業

02 獲得判斷市場動態的能力

03 發現成長股的機率變高

04 可以掌握股票上漲的趨勢

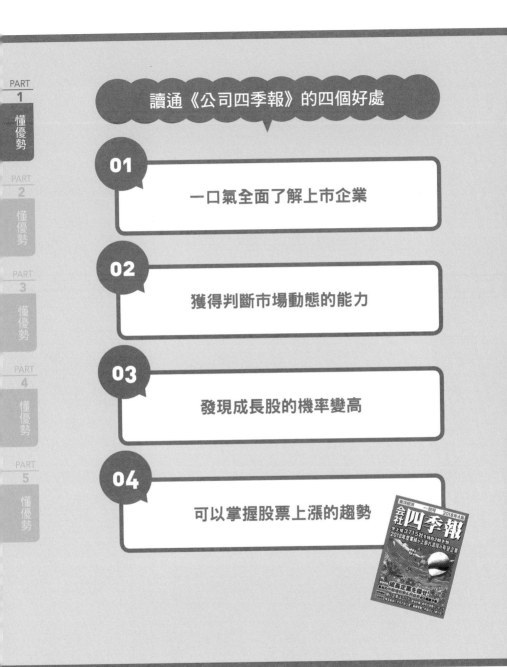

PART 2

懂趨勢

了解牽動成長股股價的三個趨勢

在這一節裡，我會從「連起來分析法」的第二個主題「懂趨勢」的觀點，來說明投資成長股的幾個注意事項。

投資成長股必須具備強大的忍耐力。把時間跨度拉長到五年甚至十年，你會發現有潛力成為十倍股的飆股，也可能突然股價下跌超過二〇％甚至三〇％。只要這種狀況一發生，先不說股民是否還堅信「這家公司會成長」，很多個人投資者可能在這個時候就忍不住把股票賣掉了，因為他們很不安，認為：「如果不趕快賣掉，股價還會繼續下跌。」

如果股價在急遽下跌之後馬上止跌回升的話還好，但如果是下跌超過一年，股價持續停滯，大部分的個人投資者就會舉雙手投降。諷刺的是，他們的行為很可

「連起來分析法」的五個投資技巧

懂優勢
➡了解屬於自己的獨特優勢

懂趨勢
➡了解複雜的股價趨勢

懂原理
➡了解決定股價的原理原則

懂弱點
➡意識到只要是個人投資者、只要是人都有的弱點

懂情報
➡閱讀決算書表和公司資料，務必取得並掌握情報

能正是股價急遽下跌和停滯的原因，因此只要他們一投降，股價就會開始上升。你也經歷過這樣令人後悔的經驗嗎？彼得．林區把這個現象稱為「**去蕪存菁後的繁榮**」。

下一頁的圖2-1，是日本的低價豬排專賣店「吉豚屋」的母公司Arcland Service有限公司過去十三年的業績走勢圖，無論營業額或利潤都呈現穩定地持續成長——然而，這並不代表股價也會持續上漲。對照個股走勢圖，它的股價在飆升期和停滯期之間不斷反覆。

長期來看，企業的業績會帶動股價，「企業成長」這個主要趨勢是股價飆升的主要因素。然而，在大約一、兩年的範圍內，股價會因為強烈受到其他因素的影響，導致股價在飆升期和停滯期之間不斷反覆。由於**股價與市場價格連動**，*因此

*譯注：此處的「市場價格」，指的是代表股市整體動向的市場指數，如日經平均指數、東證股價指數（Tokyo Stock Price Index，TOPIX）等。

圖 2-1

Arcland Service有限公司的業績走勢圖

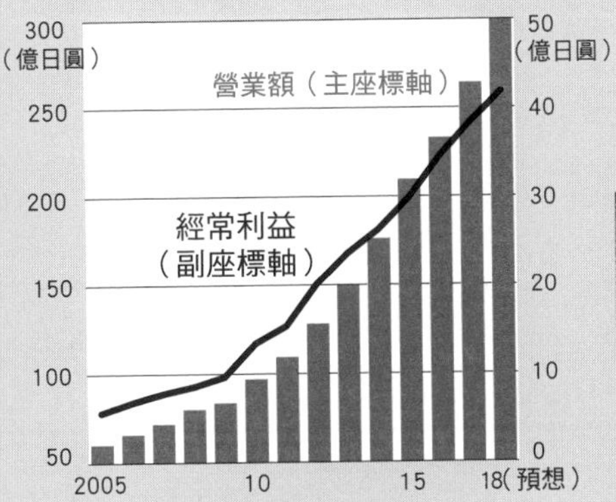

Arcland Service經營的豬排專賣店「吉豚屋」的外觀與店內一景

圖 2-2

Arcland Service與日經平均指數的股價走勢圖

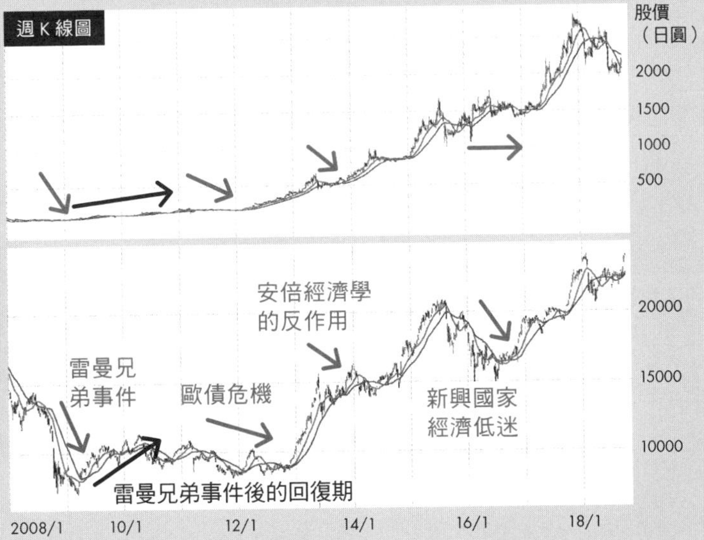

影響股價最劇烈的因素是市場的走向。在圖2-2中，位於Arcland Service股價走勢圖下方的圖表是日經平均指數的走勢圖，該公司股價的跌宕起伏大致與日經平均指數一致。

兩者之間最大的不同點，在於股價的上升率。**成長股在股市上升期會急遽飆升**。如果你僅在短期內觀察每天的股價走勢，你可能會覺得為什麼每支股票的走勢都大致相同；如果只挑一天做比較，也可能發生日經平均指數的漲幅超越成長股的狀況。然而，如果你把時間跨度拉長到一年左右來比較，成長股的漲勢通常較為快速。**股市通常受到景氣波動和金融政策的高度影響，成長股則不同於股市，經常具備較獨特的成長因素**，因此一般認為這樣的因素會使成長股具有較快速的成長動能。

另一方面，即使是成長股，也會受到市場停滯期的連帶影響。很少有成長股可以在整體市場下跌的情況下持續逆勢成長，假使該支股票曾經在上升期飆漲，其股價的跌幅也可能更大。很多個人投資者之所以會在這個階段決定脫手他們持有的股票，應該是這種想法在作祟：「只要在下次上升期開始之前再買進就好了，在那之前先靠別支股票獲利吧。」

然而在市場低迷的時候，因為其他股票也同時下跌，即使改買別支股票，也很難避免整體股市下跌所造成的虧損。就算想在下一個上升期開始之前再次買進，也沒人抓得準下一個上升期什麼時候才會到來，導致未能買回股票而感到後悔：「當時如果不賣掉那支股票，現在已經賺大錢了。」林區形容這樣的行為是「**拔掉鮮花灌溉雜草**」，告誡投資人若發現了很棒的成長股，就不要輕易放手。

市場評價——牽動股價的第三個趨勢

根據目前為止的說明，各位可能會認為長期的股價波動，似乎只能透過企業的成長狀況以及市場動向來解釋。然而，其實還潛藏著一個相當重要的因素。請各位讀者再回去看五十九頁Arcland的業績、股價圖表。這支股票在二〇〇七年上市後，十年內獲利四．九倍，然而股價上漲到接近三十五倍。也就是說，在企業成長以外，有別的因素使股價多漲了七倍。這個因素就是市場評價的改變。

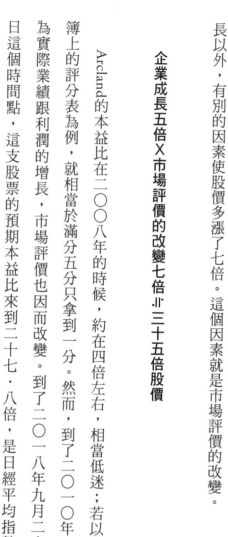

企業成長五倍X市場評價的改變七倍≒三十五倍股價

Arcland的本益比在二〇〇八年的時候，約在四倍左右，相當低迷；若以聯絡簿上的評分表為例，就相當於滿分五分只拿到一分。然而，到了二〇一〇年，因為實際業績跟利潤的增長，市場評價也因而改變。到了二〇一八年九月二十六日這個時間點，這支股票的預期本益比來到二十七．八倍，是日經平均指數的十三．八倍，等於是評分表上拿到四或五分的高度評價。

POINT 1
股價變動的三個原因：業績、市場價格、市場評價

PART
1
懂優勢

PART
2
懂趨勢

PART
3
懂原理

PART
4
懂弱點

PART
5
懂情報

根據三大趨勢調整投資方法，依據品牌性質買賣股票

以下三大趨勢影響了所有股票的長期股價：❶企業的成長❷市場價格❸市場評價的改變。因此最重要的事情是，你必須先搞清楚**自己買賣股票時，著眼點究竟放在哪一項趨勢上**。如果你迷失了這一點，在投資上沒有保持一貫的判斷基準，很可能會招致悲劇，例如把應該持有的股票賣掉，或是繼續持有應該脫手的股票。根據這三個趨勢指標（圖2-3）：

● 如果你的目標是伴隨**企業成長（營收增加）所帶來的股價上升**，那就應該**「投資成長股」（成長投資策略）**。

● 如果你希望藉由**市場價格帶動股價**進而獲利，那就鎖定**「景氣循環股」（景氣循**

環股投資策略）。

● 若你著眼在依據**市場評價所進行的股價修正**，比較好的選擇是**「投資低價股」（價值投資策略）**。

底下我們針對幾個投資重點進行簡單的說明。

見林不如見樹的成長股投資

「成長股投資」這種投資策略，主要透過尋找在未來可能擴大規模的潛力股來獲利，因此這個投資方法的觀察重點不是市場價格（森林），而是去確認並比較個別企業（一棵一棵不同樹木）的特性。企業的業績成長很可能要花費數年到數十年的漫長時間，如果投資人可以確實捕捉到這類型公司的長期成長趨勢，資產增長的幅度達到數倍甚至數十倍都有可能。

若要投資成長股，必須意識到你至少必須持有一支股票三～五年以上。另外，你最好先改掉在短線交易裡大家很熟悉的「停損」概念。持有成長股的期間，很可能會遇到好幾次跌幅超過一〇%的狀況，如果你每次都因此放棄自己手上的寶貴股票，絕對不可能獲得巨額利潤。

接下來針對景氣循環股投資說明，這是一種透過選擇容易受到國內外景氣強烈影響的類股，乘著景氣來獲利的投資策略。常見的景氣循環股包含鋼鐵、非鐵金屬、海運、不動產、汽車、金融等。下一頁的圖2-4，就是景氣循環股的典型商船三井的股價走勢圖。這支股票頻繁在兩倍股價和股價砍半之間反覆震盪，同時可以觀察到幾次極其稀有的十倍大飆升。

觀察它的股價走勢，可以發現在景氣低迷的低價範圍買入景氣循環股，並在景氣回溫時出場，就能賺取高額利潤。但是現實沒有你想的那麼簡單。首先，預測景氣的低點和高點極其困難，尤其當股價來到低點時，投資人很容易受到市場影響而變得悲觀，別提逢低買入了，大家可能還更想賣出。相對來說，當股價爬升到高點時，反而會催出購買股票的慾望。

因此就結果上來說，投資景氣循環股時，很多個人投資者會**選擇當日沖銷交**

圖 2-3

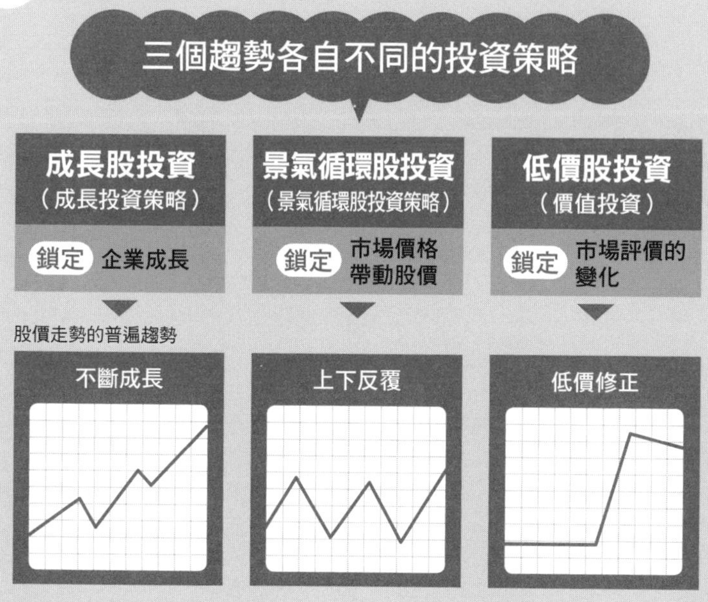
三個趨勢各自不同的投資策略
成長股投資
（成長投資策略）
鎖定 企業成長
景氣循環股投資
（景氣循環股投資策略）
鎖定 市場價格帶動股價
低價股投資
（價值投資）
鎖定 市場評價的變化
股價走勢的普遍趨勢
不斷成長
上下反覆
低價修正

圖 2-4

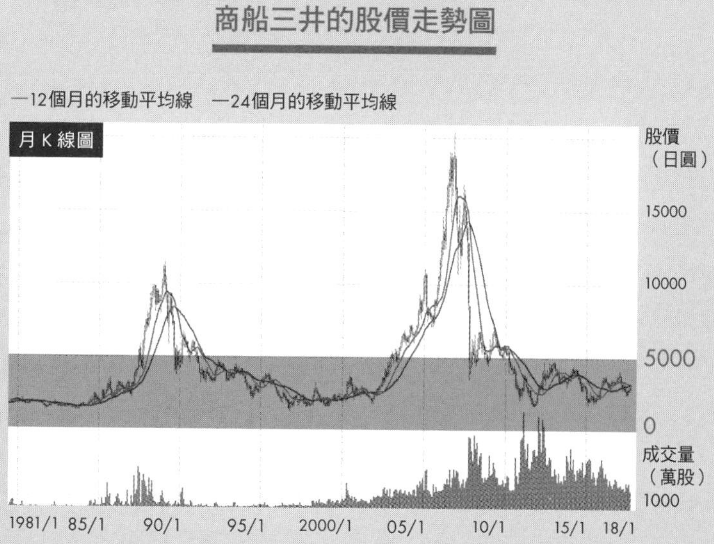
商船三井的股價走勢圖
—12個月的移動平均線 —24個月的移動平均線
月K線圖
股價（日圓）
15000
10000
5000
0
成交量（萬股）
1000
1981/1
85/1
90/1
95/1
2000/1
05/1
10/1
15/1
18/1

易，或是短期（頂多持股數個月）反覆買進賣出，透過頻繁細緻地切取景氣波段的方式來確保獲利。這種獲利方法必須一整天關注市場變化，並迅速彈性地對應股市狀況進行操作，因此對於無法辦到這一點的上班族來說，是很難複製並實踐的。然而，如果你本身就在景氣循環股的相關業界工作，運用專家的經驗和直覺來進行投資，有可能彌補上述不利的狀況。如果你對不動產的市場價格和航運市場的動向有心得，可以鎖定不動產類股或航運類股進行投資。

就我的經驗來說，**投資景氣循環股時，與其把資金集中投資在一、兩支股票，廣泛購買多支股票會更好操作，因為這樣可以達到分散風險的效果**。即便景氣復甦，也有一些公司因為戰略效果不如預期，導致公司的狀況無法跟著景氣好轉。難得你漂亮地看出了景氣上升的趨勢，卻因為選錯股而導致只有自己買的股票沒有跟著景氣上漲，投資人應該盡量避免這種狀況發生。

最後一項策略是投資低價股，這個投資法需要具備會計相關的技能。因為若要實行這個投資法，你必須仔細**查閱財報內容，從資產和長期收益等數據中找出該**

圖 2-5

三個因素各自的反面投資法

成長股投資	**營收成長**	衰退股投資
景氣循環股投資	**景氣循環**	防禦型股投資
低價股投資	**低價**	高價股投資

重新整理上方白色部分的投資方式之後…

	景氣循環股	防禦類股
成長股	景氣循環股投資策略（cyclical）	成長股投資策略（growth）
低價股	價值投資策略（value）	防禦型投資策略（defensive）

PART 1 懂優勢
PART 2 懂趨勢
PART 3 懂原理
PART 4 懂弱點
PART 5 懂情報

公司的根本價值，再與當前的股價比較，以找出股價相對便宜的好公司來投資。投資低價股的其中一個訣竅，就是**投資價格便宜又有成長潛力的好公司**。

三種投資法並未各自獨立

我雖然已經簡單地介紹了三種投資方式，實際執行時狀況會更複雜一些，而且其實這三種投資法並非完全各自獨立。雖然評估的標準不同，事實上有一些公司擁有著複數的特性，例如「是成長股也是景氣循環股」，或者「是景氣循環股同時也是低價股」。

六十九頁圖2-5上方的表格，就是以上述三個因素為評估基準，列出完全相反的投資方法。如果只以企業成長這個因素來評估，我們很難考慮「投資營收衰退股」。但是，如果加入便宜這項因素一併考慮，即使是營收衰退的股票也可能因為股價偏低，反而成為可以期待修正股價、具有吸引力的股票。

另外，「高價股」若只以價格便不便宜來評估，就可能貿然做出「賣出」的判

圖 2-6

美國亞馬遜公司的股價走勢圖

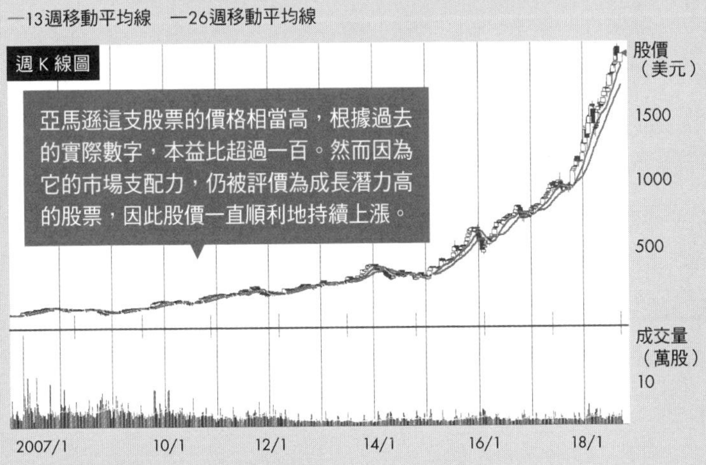

圖 2-7

DV x 的股價走勢圖

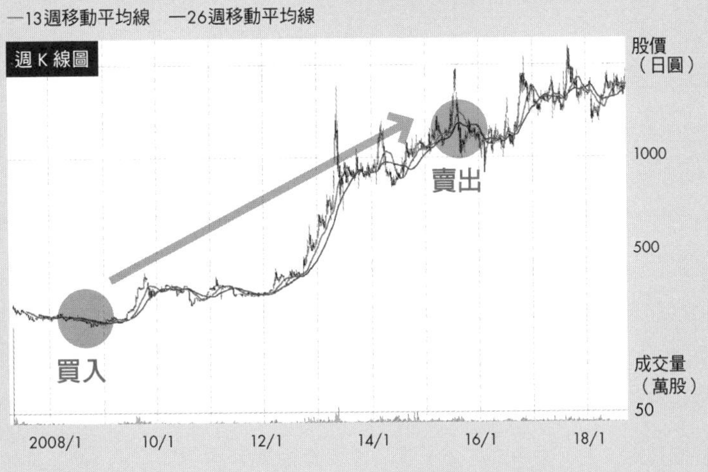

斷。然而若從企業成長的角度來看，有些股票可能還有很大的成長空間，預期股價仍會繼續上漲，因此對投資人來說仍然具有吸引力。儘管本益比超過一百倍仍被評價為具有成長性，所以預測股價將持續上升的美國亞馬遜公司（圖2-6），就是一個最明顯的例子。

相對於景氣循環股的是「防禦型股票」（非景氣循環股），主要包含日用品、食品、醫藥品等供需穩定、不太受到景氣影響的股票。另一方面，不管是哪個行業，都會出現成長股和低價股。因此，若我們把圖2-5上方表格白色格子裡的四種投資方法用複數因素來評估並重新整理，就會得到同一頁下方的表格。如果各位能理解股市裡存在著這類性質較複雜的股票，並能夠進行投資操作，那麼各位至少已經從「不知道自己在做什麼」這個階段畢業了。

靠「成長股」獲利十倍

在具有多種性質的股票中，有一種股票「既是成長股也是低價股」。營收成長和股價修正，是這類型股票股價大漲的兩個最重要的因素。若能找到這麼棒的股票，等於入手了通往財富的車票。

我在二〇〇八年買進ＤＶｘ公司這支防禦型成長股（圖2-7），它的主要的業務是販賣醫療器材。當時這支股票的預估本益比約四倍，因此它同時也是一支價格極低的防禦型股票。七年之內，ＤＶｘ的淨收益擴大到四倍以上，同時市場不斷修正它的價格。跟我當初預期的一樣，這支股票最終成為了一支十倍股。

POINT 2 選擇符合企業性質的投資手段

只要股價低於企業實力，就用這四種模式奪取先機

❶企業的成長❷市場價格❸市場評價的改變——在這三個影響所有股票的長期股價的要素之中，我想針對❸市場評價的改變所衍生的「投資低價股」（價值投資策略）稍微補充說明。

當一支股票的價值明顯低於它的企業實力，買入並長期保有這支股票，就能獲取高額回報。我想學過股票投資、支持「效率市場假說」此一理論的讀者們，聽到這句話應該都會感到很疑惑，因為它並不符合該理論的前提。

效率市場假說的定義是：只要影響股價的情報一發表，市場會在最快的時間內做出反應並牽動股價。因此，所有可運用的情報都會完全反映在當前的股票價格中，沒有人可以從眾多投資者中脫穎而出、持有更多情報，股票也不可能長期持

續成長到超越市場整體的平均表現。

該理論認為，股價已經反映所有情報並且經過適當的修正，因此支持這個理論的投資者，會對之前提到的價值投資法感到疑惑。沒錯，**效率市場假說大致上是正確的，股價很難長期超越市場平均值**。然而根據我在股票市場裡打滾三十年的經驗，我想告訴各位讀者一件事：如果有一個知識豐富的人**深入調查個別企業，通常有機會違反效率市場假說**，遇到這類股票價格明顯低於企業實力的股票。

這樣的機會從何而來？為什麼股價會變便宜？針對其發展模式，我運用工業工程學中「價值工程」的基本概念，找到說明該現象的方法。價值工程是透過改善機能跟成本的關係，務求價值（value）最大化的一種方案。若將機能和成本分別置換為營收和股價，我們得以開發一個框架，用來解釋價值（低價）發生的四種模式。內容請參照七十七頁的圖2-8。

在業績的欄位裡，向上的箭頭代表業績增加，橫向箭頭代表持平，向下的箭頭則代表業績惡化。在股價的欄位裡，向上的箭頭代表股價上升，橫向箭頭代表持平，向下的箭頭則代表股價下跌。**當業績與股價的箭頭方向不一致的時候，就會發生股票價格偏低的狀況**。底下我會根據自己的投資經驗，向各位讀者一一說明。

四個低價發生模式的共通點

①伴隨業績增加的價值擴大（業績⬆股價➡有效性〇）

假設市場符合效率市場假說，當公司順利擴大業績，股價應該也會跟著穩定提升。然而，如果該公司並未獲得太多市場關注，或是在市場上遭到誤解，其股價很可能無視業績擴大的結果而依然持平。一旦發現這類型的公司，請耐著性子長期持有它的股票。

我在二〇一四年中購入了Comture Corporation這支股票（圖2-9），其業務主要是支援客戶建構情報系統，當時這家公司的營業額明明相當穩定地持續成長，股價卻一直沒有起色。但在兩年後，我以高出本金兩倍的金額賣出這支股票。

圖 2-8

價值（低價）發生的四種模式

	①	②	③	④	⑤
	伴隨業績增加的價值擴大	伴隨股價下跌的價值擴大	業績增加和股價下跌同時發生	業績增加的程度大於股價上升的程度	股價下跌的程度大於業績惡化的程度
業績	↑	→	↑	↑↑	↓
股價	→	↓	↓	↑	↓↓
有效性	○	△	◎	○	×

Comture Corporation股價沒有上升是有理由的。二〇一四年（截至二〇一五年三月）銷售成績雖然持續擴大，卻因一時受到無利潤事業的影響，看似利潤增長產生停滯（圖2-10）。只要仔細去調查這家公司的狀況，就會發現股價是因為暫時性的因素而停滯，並非公司本身已經停止成長，如此才導致公司實力和股價之間產生巨大的差距。因為確信這一點，我買進這支股票，並且靠它取得了巨大的成功。

❷伴隨股價下跌的價值擴大（業績➡股價⬇有效性△）

二〇一六年十一月，唐納．川普當選美國總統當天，日經平均指數下跌了約九二〇點，反映出民眾對未來的不安（圖2-11）。然而，就在當選後的隔天，由於川普的經濟政策有利於日本經濟提升的看法廣泛流傳，日經平均指數止跌回升。當時情勢變化之快，我想各位應該都還記憶猶新。

從這件事情我們可以得知，當市場價格大幅下跌時，我們必須更加謹慎確認

圖 2-9

Comture Corporation的股價走勢圖

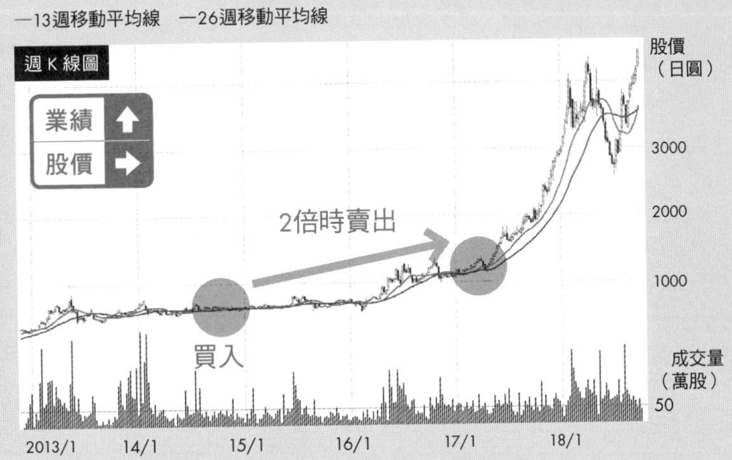

圖 2-10

Comture Corporation的本期淨利走勢圖

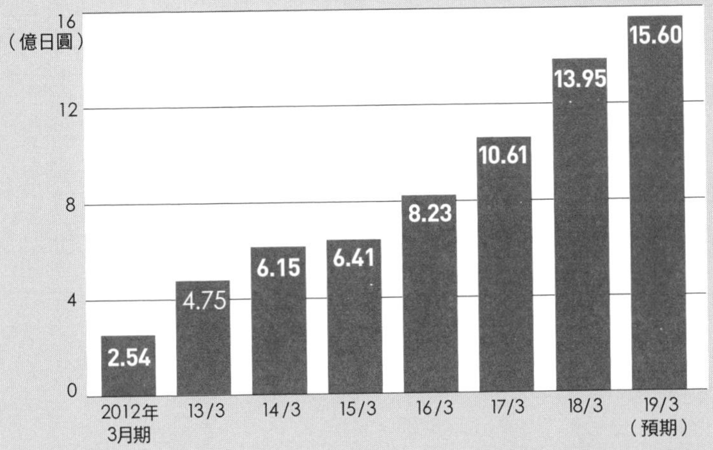

這種狀況究竟是反映企業本身的業績惡化，或者只是民眾的一時恐慌；如果是後者，那代表進場的時機點到了。不過，如果個股的股價在業績持平的狀況時下跌，就我的經驗來說，其股價回溫的速度會非常緩慢，我判斷這類型股票的有效性為△。因此在投資低價股時，基本上會鎖定業績有上升趨勢的公司。

③業績增加和股價下跌同時發生（業績↑股價↓有效性◎）

即使公司的營收順利成長，股價反而下跌的狀況還是有可能發生。多年來，索尼公司的業績持續低迷，直到二〇一二年由平井一夫就任為新社長之後，公司才得以順利改革。近年索尼不斷推出熱賣商品，然而二〇一五年時整體市場的景氣陷入低迷，索尼在當時也受到整體景氣的影響，股價大幅下跌（圖2-12）。

這類型公司的業績正在擴張，卻因為受到整體市場動態的影響導致股價下滑，正是入場的大好時機。我在索尼的股價約為二四〇〇日圓左右的時間點買入，後來靠這支股票大賺了一筆。

圖 2-11

日經平均指數的走勢圖

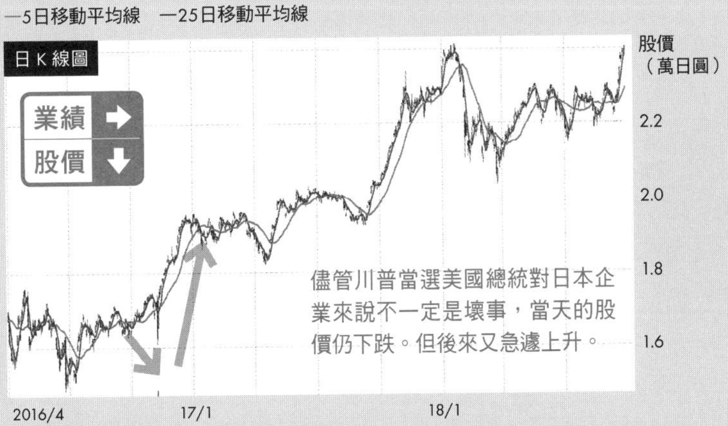

圖 2-12

索尼公司的股價走勢圖

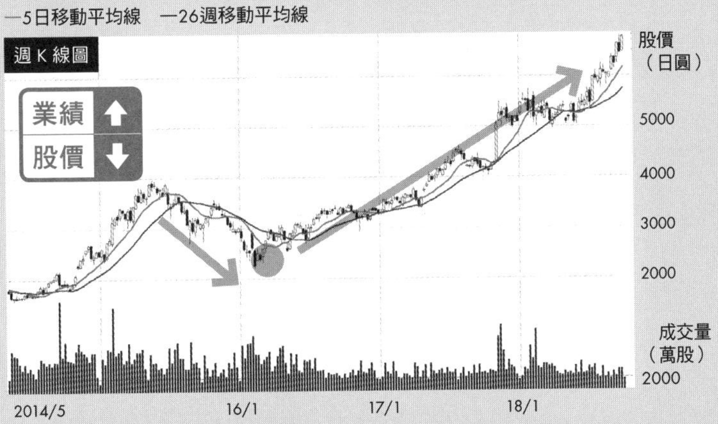

因為平井社長持續改革，索尼的業績顯著改善。然而，2015年整體市場陷入低迷，索尼的股價因而大幅下滑。當時我以2400日圓左右的價格進場。

④業績增加的程度大於股價上升的程度（業績⇈股價↑有效性○）

當企業的業績大幅改善時，這個狀況可能不會那麼快反應在市場的股票價格上。例如，美容家用電器製造商亞曼（Ya-Man）於二〇一六年八月公布上調業績預期，調整幅度相當大，原因是該公司的主打產品家用除毛機大爆紅。後來截至二〇一七年四月的淨收益，跟前期相比成長超過兩倍，整體業績預估將進一步向上調整。

雖然如此，該公司的股價僅在第二天漲停，其後好幾天都持續呈現膠著狀態。現在我回想起來，這個波動頻繁、漲跌兩難的時間點，正是絕佳的進場時機（圖2-13）。隨後，這支股票就像要填補業績和股價之間的差距一樣，價格不斷上升。在預期業績第二次上調之後，股價上漲的幅度達到三倍。

圖 2-13

亞曼的股價走勢

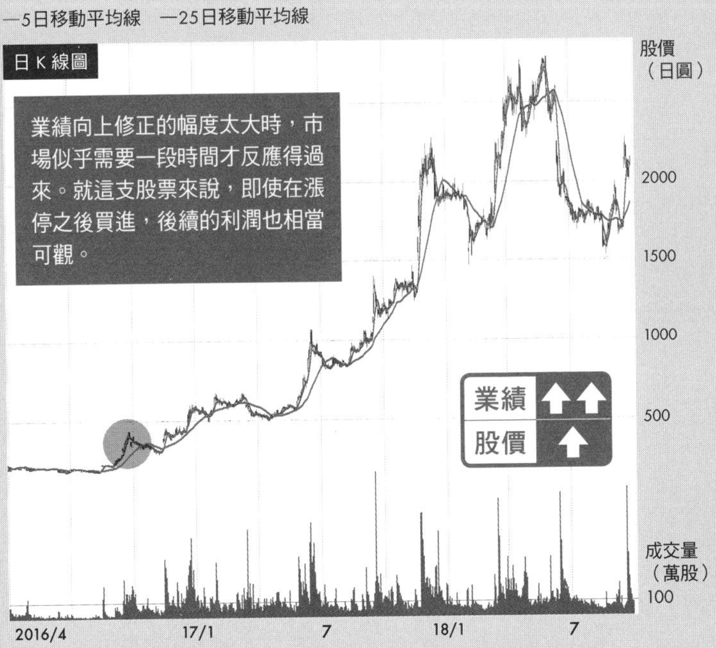

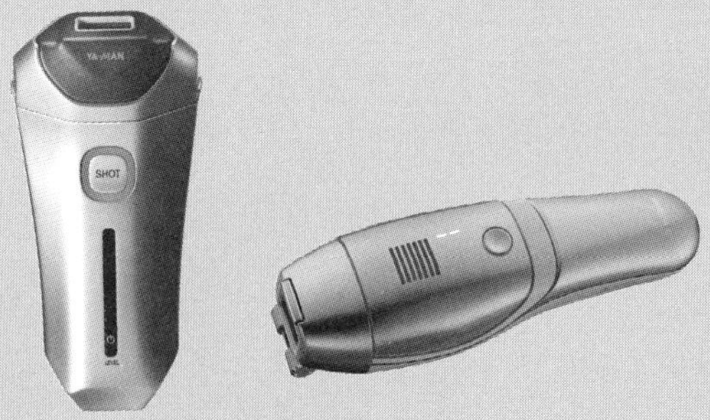

亞曼推出的男性除毛機（左）與女性除毛機（右）大獲好評。

務必警惕第五種模式

至此，我已經大致說明了低價產生的四種模式，它們都是基於**市場內的投資者無法準確評價企業的實力，導致業績與股價產生大幅的落差**，因此創造了極佳的投資時機。

然而，實際操作時，仍然必須注意幾個重點。首先，在這四個模式以外，還有第五種模式，那就是股價下跌的程度大於業績惡化的程度。在這種狀況下，理論上業績和股價之間會拉開差距，股價也會因此變得相當便宜。然而就經驗來說，業績持續低迷的公司若股價下跌的程度太大，不僅止跌回升的力道偏弱，甚至有被大量拋售的風險，因此不建議購買這類型的股票。如果你無論如何都想購買這類型的股票，等到你觀察到業績改善的端倪時也不遲。

另一個需要注意的關鍵，是你自己夠不夠了解企業本身。如果你對企業不夠熟悉，就算你看到股價下跌，你也無法判斷這個狀況到底是相對低價的買進時機點，或是有什麼自己無法理解的原因導致的業績惡化正在市場裡作用，因此你無法採取適當的應對措施。其實，這一點正是長期投資個股最困難、也最有趣的部分。

努力了解投資標的的企業現況應該不遺餘力，然而去蕪存菁選擇自己擅長領域的類股，或是瞄準日用品、食品和醫藥用品等需求穩定、比較不受景氣影響的「防禦型股票」也是很重要的一個課題。這些克服自己投資弱點的方法，我會在第四章向各位詳細說明。

POINT 3 業績和股價產生落差時，就是進場的好時機

專欄
02

「看指標」與讀通《公司四季報》

延續上一章的專欄，我要繼續向各位解說如何從東洋經濟新報社發行的《公司四季報》（以下略稱四季報）挖掘潛力股。

首先，我之前要各位讀完四季報，並不是要各位把四季報裡的所有公司所有項目從頭到尾完全讀懂。一大半的公司其實都是用很快的速度讀過去就好。只要瞥過幾個重要資料，如企業名稱、特色、各種指標（本益比、股價淨值比、股東權益報酬率、資產報酬率、市值、權益比率、現金流、利息債務、預期股利殖利率等）、股價圖表和業績走勢等，就能從價格是否相對便宜、是否具備潛力的觀點，來判斷一支股票「該買或不該買」。一開始你可能會花比較多的時間，但其實都是同樣的步驟：一眼瞥過主要與次要資訊，瞬間做出判斷，然後不斷重複。習慣以後，讀完整本四季報大概只需要一星期左右的時間。

四季報資訊的確認順序

❶ 先同時看過預期本益比、股價淨值比和相關圖表，以及該公司的業績走勢。如果業績穩定成長，就可以放入成長股的候補名單。接下來，如果發現它業績良好，股價圖表卻呈現下滑趨勢，或是跟業績相比本益比相對較低時，就放入低價股的候補名單。請你自我訓練到一眼望去就可以發現這些異樣的程度。

❷ 接下來看企業名稱與文字情報的部分，以獲取今後業績擴大的相關提示。這部份如果可以套用你自己的實際經驗，代表這是你可以發揮優勢的公司。

～閱讀至此，如果你對這支股票沒有特別的興趣，就可以往下看下一支股票了～

❸ 如果你對這支股票產生興趣，再繼續閱讀市值、權益比率、股東權益報酬率（ROE）、資產報酬率（ROA）、現金流、股利殖利率等數據，來判斷該公司是否有投資的價值。

❹ 如果你判斷這支股票值得投資，貼上一張便利貼做記號後，繼續看下一支股票。

不要用絕對值來做評估

但是在看各個股價指標時，千萬不要用「本益比低於十倍、股價淨值比低於一倍」這些絕對值來判斷股價是否便宜。如同我在「只要股價低於企業實力，就用這四種模式奪取先機」這一章節的說明，在判斷一支股票是否相對便宜時，一定要一併考察公司的業績走向和往後的成長潛力（業績成長的幅度），不這麼做就不可能發現飆股。如果你單純只以便宜作為判斷基準，用電腦來自動掃描股票價格就做得到了，甚至更節省時間。

權益比率、利息債務和現金流這些指標也一樣，是判斷一家公司的財務是否健全的重要指標。一邊確認業務型態和商業模式，同時對照複數指標來進行綜合判斷吧。例如，你不能只憑利息債務的數字，就判斷這家公司有大量債務。你必須同時檢視列於現金流欄位最下方的現金等價物，來確認負債跟保有現金相比是否過大；或是查詢公司的市值，以確認負債跟企業規模相比是否過大等等。綜合所有資訊，才能判斷該公司的財務是否健全。

在成熟產業裡揚眉吐氣的企業

因為接下來會進入比較抽象的話題，所以我舉具體的例子來進行說明。當我翻閱二〇一八年九月十四日剛發行的最新一期四季報的時候，「長谷工株式會社」這家公司抓住了我的目光。它在不動產建築業界裡首屈一指，是相當有實力的一家公司。分析它的財報後可得知以下資訊。

首先，二〇一九年三月的預期本益比為五．一倍，翌年二〇二〇年三月則為六．一倍，我認為非常便宜。四季報內使用了「成效確實」的標題來描述，同時確認預期營收，發現營業額、營業利潤和經常利益都順利成長中。在每股利潤方面，二〇二〇年三月期的預期為二三八．八日圓，跟二〇一九年同期的二八二．五日圓相比較低，可能會有人擔心這家公司的業績已經過了高峰期。

然而，由於預期中營業利潤將穩定擴大，二〇一九年三月時預期產生的特殊利潤很可能來自於某些臨時性的因素（後來經過查詢，確認該數字同時計入了賣出子公司所產生的特殊利潤）。以長遠的眼光來看，這種因為某些因素而發生的臨時性的利潤應該不計，然而即使把這一點考慮進去，這家公司的預期本益比依然遠低於十倍，跟東證一部裡所有公司的平均預期本益比十四 七四倍（截至二〇一八年九月十四日的數字）比起來也相對便宜。

股東權益報酬率二七・一％、資產報酬率（ROA）一〇・五％，這些數字讓人不禁感嘆「不愧是首屈一指的高報酬企業」，獲利程度直逼小型成長股。利息債務一千二百五十八日圓看起來是一筆相當大的債務，但只要跟現金流欄位最下方兩千零六十八億日圓的現金等價物相比，就會發現債務其實只是小數目，這家公司其實是無舉債經營。股票殖利率也是相當不錯的三・四五％，如果業績穩定，高殖利率加上低價修正，可以期待未來在三至五年內達到一・五到兩倍左右的預期利潤。

觀察股價走勢圖，過去三年它的股價大約維持在一千至兩千日圓的範圍之內，

長谷工株式會社的四季報資訊確認過程

❶ 業績雖然順利擴大，卻能發現它的股價幾乎持平，維持在跟三年前差不多的水準。預期本益比約五～六倍，價格算是很便宜。

❷ 讀過相關文章之後，會發現該公司的態度相當積極。就我自己本身的經驗來看，也覺得市場對這家公司的未來過於悲觀。

❸ 股東權益報酬率、資產投資率（Return on Assets，ROA），是評估獲利效率的主要指標。這兩個數字愈大，就代表企業創造的利潤以及股東能夠回收的利潤愈多。債務方面，也不能單看利息債務這個項目，必須跟現金等價物一併比較。以這家公司來說，因為「現金等價物2068億日圓＞利息債務1258億日圓」，因此如果公司有什麼萬一必須還清債務，公司還是有810億日圓的現金等價物。

❹ 貼上便利貼後繼續看下一支股票。

可以得知同一個期間的業績成長還未反應在股價上。從剛剛提過的價值工程的角度來看，就是「業績⬆股價➡」的狀態。二〇一九年十月之前肇因於消費稅調漲的搶購潮，以及二〇二〇年東京奧運後的後座力，股票市場很可能會優先反應這兩個因素，導致在評價公司的未來性時較為悲觀。但是，該公司身為業界龍頭，經常接到來自客戶的特別需求，我懷疑這家公司的生意真的會變差嗎？

此外，連我的個人經驗都鼓勵我購入這支股票。我在二〇一七年的時候買了這家公司建造的公寓，這間公寓住起來舒適的程度一直讓我非常感動。大廳的服務人員不僅負責大樓保全，也隨時為住戶提供服務。大樓的設備和規格相當良好，同時也確保每位住戶的隱私。住起來不僅方便，大樓也擁有非常好的視野，跟獨立住家不同，各有優點。

就像平常一樣，我在日常生活中消費任何東西，都會調查提供服務或商品的公司。最近當我查詢房地產相關的公司時，發現跟過去相比，除了住家公寓的供應戶數大幅降低以外，住家愈來愈高級化，位於最精華地段、目標客群為富人的公寓大樓相當熱賣。「有錢人住在私有土地上的豪宅」這個刻板印象，已經不符合現況了。許多人認為公寓的市占率將會縮小，同時住戶抱怨事件頻繁，因此在建築業中並不受歡迎；長谷工卻反其道而行，長期針對公寓建設辛勤耕耘，因此在市場上擁有壓倒性的競爭力以及市場占有率。

一般人認為長谷工是一家大型房地產公司，但我認為最好將這家公司視為房屋建設公司。在股票市場不太關注的成熟產業中，這家公司是一枝獨秀的成長型公司，我非常喜歡這種公司。只是在我決定買下公寓的時候，我對公寓這個業界的整體發展沒有把握，所以沒有買入長谷工。然而，在讀了最新一期的四季報之後，我認為這支股票「值得再次考慮」。

別忘了檢視品牌故事

完成上述程度的分析之後，貼上便條紙就算告一段落，接著進入下一頁。這裡的品牌故事，指的是根據四季報和自己的經驗建立的假說，這是我從候補區中挑選股票的方法。挑出一支股票之後，接下來我會到該企業的官網查看財報等資料，並在網路上搜尋該公司有關的新聞。為了確認我的假說是否正確，我必須獲取更多情報（證據）。

以長谷工這家公司為例，有幾個重點需要調查考量：搶購潮和奧運的後座力，是否真的對公司有影響？在駿河銀行醜聞事件的影響下，貸款條件變得更嚴格，或是未來若發生利率上升的狀況，長谷工會受到什麼程度的影響？

讀完一整本四季報之後，我認為你可能會發現幾十支這種潛力股。接下來你需要：比較所有的潛力股，然後再跟你手上持有的股票作比較。比較結果出來之後，再購買最後選定的那幾支股票就好。這個最後的挑選動作，可以培養你的投資能力。我再整理一次選股步驟：

❶從四季報中尋找潛力股。
❷閱讀官網等資料來進行詳細調查。

❸比較有潛力的股票和目前手中持有的股票。

❹開始購買股票。

「購買在ＳＮＳ（社群軟體）或網路討論區引發話題的股票」，是初學者很容易不自覺採取的投資行為。我的方法跟這些行為最大的不同點，在於顧及了深度及廣度。由於初學者對整體的股市沒有廣泛的認識，視野較為狹窄，因此一個不小心就會被熱門話題牽著鼻子走。請各位不要再這麼做了，廣泛調查每一家公司，深入研究所有潛力股，然後再和其他股票進行比較，最後決定是否購入。學習用這樣的步驟來選擇股票吧！

如果你瀏覽的股票不像長谷工這麼引人注目，從價格和成長潛力的觀點來看也沒有吸引力，就不要浪費時間了，唰唰地快速翻過，節省時間。有可能在你快速翻閱的過程中，忽略了可能大幅上漲的股票，這個時候只要告訴自己「沒有緣分」就好，不需要太過執著。

閱讀四季報需要注意的地方

最後，有幾個必須注意的地方請各位留意。首先，企業發表每季財報的時間與四季報的發行日期之間存在著一個月以上的時間差。如果以資料即時性的程度來看，四季報的價值不高，老實說並不適合用於操作短期投資。希望各位在使用的時候，以中長期投資為前提來閱讀四季報。

另外，基於同一個原因，你也不需要為了在發售後比別人更快讀完而花費太多力氣，花超過一個月以上的時間閱讀也沒關係。選好候補清單以後，等到看過下一期四季報的內容之後再決定要不要買，也都還來得及。只要不是出現了太令人震驚的消息，市場不太可能在財報發表後立刻反應出業績的成長，也不會馬上修正股價，大多必須花好幾個月的時間逐步修正價格。與其搶快，透過鍛鍊讓自己擁有正確分辨股票的眼光更為重要。

PART
1
懂優勢

PART
2
懂趨勢

PART
3
懂原理

PART
4
懂弱點

PART
5
懂情報

PART 3

懂原理

股價形成的原理原則，讓我們一一來了解

在這一個章節裡，我會針對「連起來分析法」的第三個主題「懂原理」進行說明。或許初學者會對此感到很驚訝，然而**股價會產生波動，一般來說是基於幾個簡單的原理原則**。只是由於**好幾個因素交織在一起，使狀況看似複雜**罷了。

股價反映未來趨勢

首先我想先說明各位應該事先了解的原理原則，那就是**股價會隨著未來的業績而產生變化**。「某公司去年賺了多少錢」這項事實，早已反應在該公司的股價上了，因此即使你根據該公司去年的業績買入股票，也幾乎無法獲得任何利潤。最重要的是放眼未來。

「連起來分析法」的五個投資技巧

懂原理

➡了解決定股價的原理原則

懂趨勢

➡了解複雜的股價趨勢

懂原理

➡了解決定股價的原理原則

懂弱點

➡意識到只要是個人投資者、只要是人都有的弱點

懂情報

➡閱讀決算書表和公司資料，務必取得並掌握情報

如果這家公司的業績在未來有繼續攀升的可能，總有一天它的股價也會一起上漲；反之，若預期該公司業績在未來會下滑，則股價也會跟著下跌。一家公司一旦在財報中公佈上一季優秀的營收成績，就會被視為「利多材料出盡」而造成股價開始下滑；儘管公司發表業績下修的消息，隔天開始股價還是會上升。這種乍看之下不可思議的現象，只要你了解「股價的變化反映了未來的業績」這個原則，也就不難理解了。

不過，股價反映的未來是多久以後的未來呢？構成日經平均指數的企業，平均的預估本益比大概是十五倍左右。如果利潤相同，以目前的股價進行投資，若資金可以在十五年內回收，我們是否可以說現在的股價反映了十五年以後的未來？那是不可能的事，因為我們絕對無法預測十五年後的未來。

有一個方法可以幫助你想像這是多麼不可能的一件事，那就是回溯過去，看看過去是否可能預測現在？讓我們回到十五年前，再次與十五年前的自己相遇。十五年前的你花了一點時間了解狀況後，緩緩詢問現在的你：

圖 3-1

過去15年來日經平均指數的走勢圖以及主要事件

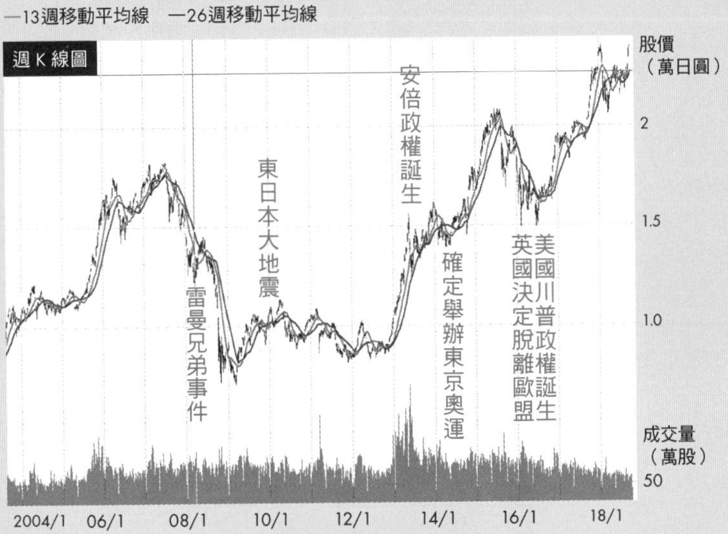

現在的自己

15 年前的自己

「日本經濟在未來十五年會如何發展？」

你會怎麼回答呢？二〇〇八年，雷曼兄弟事件；二〇一一年，東日本大地震與福島第一核電廠事故；二〇一二年，第二次安倍內閣誕生；二〇一三年，量化與質化寬鬆政策、確定舉辦東京奧運；二〇一六年，英國確認脫離歐盟、美國川普政權誕生。聽到這些話，十五年前的你應該會一邊說「雷曼兄弟事件？核電廠事故？怎麼可能！」，一邊嚇到腿軟吧。所謂的未來，就是如此無法預測。

一般認為股票市場大概會**受到短則幾個月、長則大概三年以後的業績影響並形成股價**。當然，個別企業反映出來的未來也各自不同。不同的時期看到的未來不同，有時前景看好，但也可能突然看壞。例如，雷曼兄弟事件之後，沒有人能預測未來會發生什麼事，投資人不得不在極端盲目的狀況下進行判斷。跟賽馬不同，投資沒有一個最終目標，只能考慮「大概幾個月內到長達三年左右的近未來」。股票投資人都必須接受這個不確定的特性。

另一方面，過去十五年儘管發生了上述各式各樣的事件，日本企業以及日本政府一路以來也應對得有條有理。於是，十五年前的你又問了：

「十五年後的日經平均指數大概是多少？」

你回答「在二〇一八年九月二十六日這個時間點，是二四〇三三．七九點」之後，恐怕十五年前的自己會感到很困惑吧。因為當時（二〇〇三年九月二十六日）的收盤價是一〇三一八．四四點。當年日經平均指數之所以會降到這麼低，一部分可能跟日本國債陷入債務不履行的危機有關。然而，儘管在那之後發生了雷曼兄弟事件、東日本大地震等令人無法想像的金融危機與國難，股價仍然上升了二．三倍，讓人感到困惑也是無可厚非。

股價也會反映出企業應對變化的能力

針對這個事實，我只能說十五年前雖然絕對無法預測業績，但**企業擁有應對各種變化的能力——股票市場當然會認為這項能力是企業價值的一部份**，並反映在股價上。

圖3-2是股票市場認為合理的業績預測概念圖。股票市場會根據企業成長（或衰退）的狀況，將短則數個月長則三年的預期業績反映在股價上。然而，幾個月到三年左右的未來，是無法準確預測的。因此股價就像是颱風的路徑預測圖，股票市場會先預測一個前進方向的範圍，然後以一個看起來最妥當的點為目標來形成股價。

誰也無法預測在那之後的未來。企業有可能因為推出非常棒的熱賣商品，使得業績大幅成長，或是被景氣操弄導致業績大幅下滑。但是，股票市場會以企業無論如何都應該有持續生存的能力為前提，以正負○%的成長來推算企業價值。如果你在經濟新聞的股票專欄裡，讀到某位股票分析師提到「這家公司的股價已經反映出未來兩年的業績狀況」等報導的時候，就可以用這個概念圖來想像。

容納各式各樣的可能性

我想在提到颱風路徑預測圖的此時，說明下一個重要的原理原則。**只要談到投**

PART 1 懂優勢
PART 2 懂趨勢
PART 3 懂原理
PART 4 懂弱點
PART 5 懂情報

圖 3-2

股票市場認為合理的業績預測概念圖

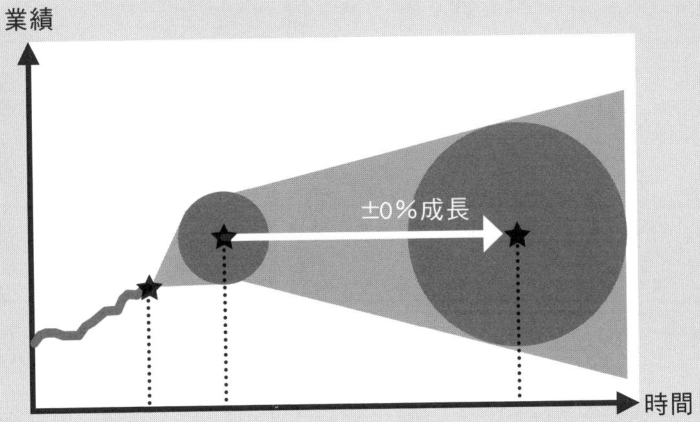

圖 3-3

根據腳本算出預期成長率的方法

	A 近期未來的利益成長	B 機率	A × B 預期成長率
非常順利	80%	20%	16.0%
還算順利	15%	40%	6.0%
不太順利	0%	30%	0.0%
非常失敗	▲40%	10%	▲4.0%
合計			18.0%

預期成長率:考量風險後的成長率
注:▲代表負數

資股票，就絕對不能忘記「風險」一詞。從你購買股票的瞬間開始，就不得不與如影隨形的風險打交道。那麼，股票市場是如何將風險反映在股價上呢？

最正統、最具說服力的一個方法如下。假如你正在考慮投資的某一家公司，發表了戰略性的新商品。該公司提到，如果這個新商品賣得好，可以預期未來兩年內的利潤將會成長八〇％。然而，那個預期利潤成長是指「如果賣得好」的狀況，投資人必須經常針對不那麼順利的可能性進行考量。該公司的競爭對手也會有所動作，有可能推出更強力的商品來打對臺，這很有可能完全擊碎原先公司的目標藍圖。風險的思考方式，請參考圖3-3。我們準備好幾個腳本，並預測每個腳本實現時可能的利潤成長（A）。接下來，計算出每個腳本實現的機率（B）。然後算出A和B相乘的數字。最後合計縱軸，在圖3-3這個狀況當中，可以推導出一八％這個數字（預期成長率）。

說到這裡，各位應該會問我：「這些腳本和機率是來自哪份資料呢？」很可惜，在股票市場裡不存在讀書考試用的標準答案，這終究應該都是要你自己去預測、去估算的東西。你當然可以在網路上閱讀專家或部落客的個人意見，或是參考《日經MONEY》（日経マネー）等專門雜誌內的文章；如果你想全面性地了解所有股票的業績預測，還可以參考《日經公司情報》和《公司四季報》。然而，說實話這些都只是參考資料，**最終做出判斷的人，仍然應該是實際投入資金的你自己本身**。當然，這些預測腳本也會因人而異。如果是積極看漲的人，他認為非常順利的可能性達六〇%，就會做出「現在的股價很便宜」的判斷而買入股票。反之，如果一個人對未來數字感到悲觀，就會做出「現在的股價很貴」而售出股票。許多人對市場的各種預測，就會像這樣以買賣股票的形式展現出來，也就是說，預測路徑圖的★部分受到引導，使近未來的業績反映在股價上。

POINT 1 股價因複數個單純的原理而產生波動

掌握股價波動的原理，規劃自己的投資腳本

在這邊我要說明第三個原理，就是**股價受到利率水準的大幅影響**。在二〇一八年九月二十八日的此時，若你到三大巨型銀行之一的三井住友銀行辦理定存，利率也只有微薄的〇．〇一%。即使你存入三百萬日圓，一年後也僅能獲得三百日圓的利息。另一方面，若你購買三井住友銀行的控股公司三井住友金融集團的股票，可以獲得的預期股利殖利率（用本期預期股利除以股價來計算）為三．七%。假如把這三百萬日幣拿來購買同一家公司的股票，一年可以獲得十一萬一百日圓的股利（僅估算利息和股票殖利率的數值，不考慮稅金）。

第三個原理「利率水準」造成的影響

大約六年前左右，公司的下屬來找我商量：「內人瞞著我在三井住友銀行存款。我想靠股票來讓這筆資金增加，我該買哪支股票比較好？」

當時我壓低聲音對他嘟囔：「買哪一支股票應該是你自己要去思考的問題。不過，如果你把錢存在三井住友銀行，我覺得不如就買入三井住友金融集團的股票吧……」

由於當時股價低於二五〇〇日圓的三井住友金融集團，股利有一百日圓，股票殖利率超過四％。那件事情之後，這支股票每年都增加股利，到了二〇一八年三月期甚至高達一百七十日圓。如果我們反向計算，以當時的投資額來看，股票殖利率甚至達到六・八％。股價也在二〇一五年八月上升至二・三倍高的五七七〇日圓，二〇一八年九月二十八日的收盤價更來到四五八六圓，是六年前的一・八倍高（圖3-4）。或許這只是結果論，但如果那位下屬當時買入三井住友金融集團的股票，他就能達成比起純粹存款更良好的資產運用。

不過，**以股利為目標的投資有可能因為外部環境的變化而適得其反，因此必須多加注意**。如果從現在開始定期存款的利率大幅上升，達到媲美一九九一年歷史最高的五．七％（也曾經有過這樣的時代呢……）。如果利息高達五．七％，只要有三百萬日圓的定存，每年就能額外獲得十七萬日圓的利息。在這樣的狀況下，你會為了追求三．七％的股利去買股票嗎？答案是一定是「ＮＯ」吧。我想多數投資股票的投資人，都會要求企業配發更高的股利，或希望企業規模成長。若企業無法回應股民的期望，股票就會賣不出去，股價也會因此下跌。

因為如此，這裡存在著一個原理原則，那就是當**利率上升會使股價下跌，利率下降則會使股價上升**。（然而，僅考慮三井住友金融集團的狀況，利率上升也可能會提升銀行的收益，因此狀況可能更為複雜）。

其他因素也會透過原理發揮作用

如果你正在考慮透過投資成長股來增加資產，只要記得這三個原理就足夠了，

圖 3-4

三井住友金融集團的股價走勢圖

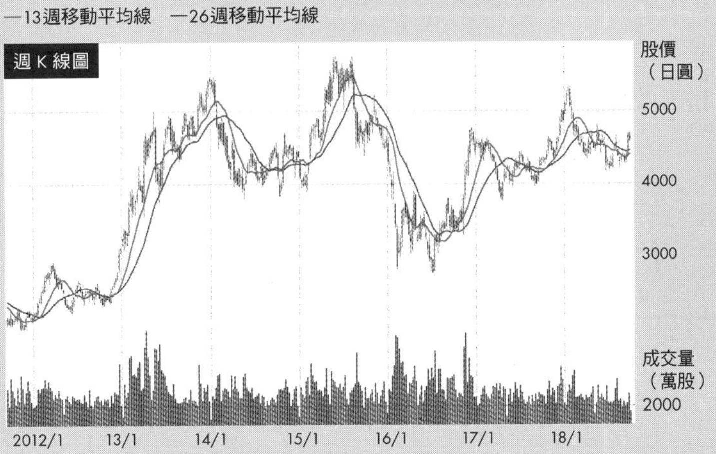

圖 3-5

外部環境的變化 透過三個原理影響股價的例子

外部環境	原理 1（業績）	原理2（風險）	原理3（利率）	綜合判斷
日圓急遽升值（輸出企業）	匯兌損失⬇ 國際競爭力低落⬇	風險增加⬇	利息下降⬆	⬇
政治安定	期待經濟政策⬆	低政治風險⬆	——	⬆
金融緩和政策（量化寬鬆）	利息負擔減輕⬆	——	利息下降⬆	⬆
景氣擴大	業績擴大⬆⬆	——	利息上升⬇	⬆
戰爭勃發	對企業的影響各有不同	風險增加⬇	——	⬇

注：⬆和⬇代表股價上升和下跌

除了短期股價不穩的狀況以外，股價波動大致都可以用這三個原理來說明。說到這裡，很多人可能會有此疑問：「咦？這麼說來，匯率和政治安定的程度不會影響股價嗎？」

並非如此，**匯率和政治事實上會透過這三個原理對股價產生影響**。例如跟出口有關的股票，在日幣升值時，會因為近未來的業績預計將會惡化而導致股價下跌。這就是原理一的作用，股價會反映未來的業績而產生變化的關係。另一方面，只要政治安定，風險就會變低，因此股價也會跟著上升。這是原理二的作用，也就是股價會反映各種風險而產生變動。再加上如果當時的政府推動強而有力的經濟政策，市場就會判斷企業的業績將受到正面影響，而會根據原理一的作用造成股價上升的結果。至於外部環境的變化通過這三個原理，會對股價產生什麼樣的影響呢？我把幾個例子都整理在圖3-5裡，請讀者參考。

另外，我也會閱讀其他人的投資部落格和讀者給我的回覆，我發現其內容會隨著筆者的投資經驗而有明確的傾向。**首先是初學者，只關注股價的人非常多**——

股價上漲？還是下跌？初學者連股價變化的理由都想從股價中尋求。不過，想當然耳，只關注股價是不可能預測到今後的股市動態的。

稍微累積了一點投資經驗的人，視野會比初學者寬廣一些，但是他們的思考模式太跳躍，經常過於單純。例如：「因為日幣升值，日經平均指數下跌，所以我要把持股賣掉。」實際上，比起只看股價的初學者，這個級別的投資人更容易投資失利，因為他們太容易被零碎、斷片式的訊息耍得團團轉。日幣升值是如何影響這三個原理？對自己的持股又會產生什麼影響？你最好養成「套用原理來理解各種因素對股價的影響」的習慣。

另一方面，**順利累積成功經驗的投資人不僅了解股價波動的原理，也能意識到自己正在談論的話題，究竟是與業績或是風險有關**。舉例來說，「雖然外國觀光客的爆買狀況已經開始冷卻，但是外國觀光客的數量仍然持續成長。受惠於此的旅遊相關類股，未來業績仍然會持續增加。其中的兩點隱憂分別為匯率變動以及日中關係的惡化，然而旅遊類股的股價相對來說仍然偏低，這個程度的風險也正反映在股價上。考慮到日本央行的貨幣寬鬆政策將會持續施行，因此做出『買入』的判斷」。

順帶一提，**「具備良好投資能力」這類型的投資人，甚至會以複眼式的多重視角與觀點來考量事務**。

「日幣持續升值，造成日經平均指數重挫，這支股票也連帶著緩慢下跌。然而若分析企業的商業模式，如同股市所預期的，日幣升值不會對市場造成太大的負面影響，甚至可能隨著結構改革的進展使收益提升。我去過量販店確認該公司的商品，銷售人員介紹該商品是人氣商品。即使後續可能存在匯率風險，但若將著眼點放在匯率穩定下來之後的成長潛力，加上偏低的股價，應該在目前的時間點購入這支股票。」

如上一段的論述，能夠**理解股票市場的觀點，經過自己的分析比較，規畫出屬於自己的投資腳本，這類型的投資人堪稱高階投資專家**。

原理 04

危機時刻就靠資產淨值

雷曼兄弟事件發生後，東證一部上市公司的利潤總和跌至赤字。這種公司業績極端低迷的狀況，跟三個原理無關，應該是根據資產淨值所估算出來的適當股價。在這個狀況下，股價淨值比一倍可視為一個基準。然而圖3-6顯示出若將資產的銷售成本等因素考慮進去，股價淨值比〇．七～〇．八倍左右的數字是最低價的基準。

圖 3-6

東證股價指數與東證一部上市公司的股價淨值比走勢圖

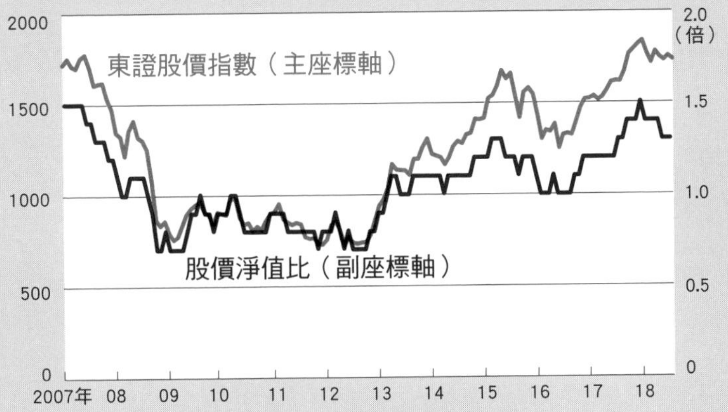

出處：日本交易所集團

了解第四個原理及其效用

最後，還有一個各位應該知道的第四個原理。那就是在**某些狀況下，最好以資產淨值來估算股票價值**。

圖3-6是二〇〇七年一月開始到二〇一八年八月為止東證股價指數的走勢圖，還有用東證一部所有上市公司的股價和每股淨值的總和計算出來的股價淨值比走勢圖。從雷曼兄弟事件發生的二〇〇八年九月左右開始，到二〇一三年四月為止，股價和股價淨值比的動態一致，後續可以觀察到股價淨值比的趨勢大約是股價的〇．八倍。

一旦進入「盤整」狀態，若業績在近期的未來落入極端低迷的狀況，股票市場不會以三個原理來推估企業價值，而會轉而尋求企業持有的資產淨值。然後在股價淨值比超越一倍的二〇一三年之後，普遍認為股價又回到透過三個原理來產生變化的狀態。請各位記住這個概念：**當公司的獲利狀況極度惡化，股票會根據原**

理四來產生變化，而非前面提到的三個原理。

股票定價理論等基本概念通常由四個原理構成，即業績、風險、利率、淨資產。若讀者希望了解更多相關理論內容，也可以閱讀一些書名含有「企業價值計算法」或「估值」（valuation）等關鍵字的厚重書籍，但這些理論內容並沒有那麼容易理解。不如先試著理解剛才說明的四個原理，試著確實規畫屬於自己的投資腳本吧。

POINT 2 股價波動可以透過四個原理來解釋

牽動股價的主體是誰？理解目前的市場價格狀況

股價通常會依據三個因素而產生變化——❶近未來的業績❷風險❸利率水準。然而，當企業無法提升收益時，就會發生股價由❹資產淨值來決定的狀況。

這一節我會為讀者說明如何將這些股價波動的原理運用在實際的投資行動上。

牽動股價的三個主體

首先，希望各位先養成這個習慣：把目光放在決定這四個要素的「主體」上。**決定近未來業績以及資產淨值的主體是企業，而決定利率水準的主體則是日本央行和美國聯邦準備理事會（Federal Reserve Board）等中央銀行。**四個因素各自擁有自己的意志並隨時變動。這些意志的核心，在此我們稱之為「主體」。

那麼，風險的主體為何？「由於風險的主體是世界上所有的事件與現象，所以我們不得不去關注世界上的所有事件與現象。而那是不可能辦到的」，有這種想法的人應該很多吧。然而，若從一個稍微不一樣的角度來看，**我認為風險的主體是投資人**。

世界上所有的事件與現象，都會透過投資者的判斷而間接影響到市場價格。即使發生的事件完全相同，也會根據投資人的反應而造成不盡相同的股價變動。投資人若心生動搖，股價就會大幅波動；投資人若淡定自若，股價便會不動分毫。也就是說，**存在世界上的所有風險，會透過投資人的心理對股價產生影響**。只要你能隨時意識到企業、中央銀行和投資人這三個主體，就能夠準確掌握市場價格的動向。

四個不同的市場現象

另外，當可能造成股價波動四個要素其中之一，出現強勢覆蓋整個股票市場的現象時，請先一一記住它們的名稱：大幅受到公司業績影響的「業績掛帥市場」；大幅受到金融政策（也就是利率水準）影響的「金融政策市場」；被風險支配的「混亂市場」；而多數企業呈現虧損狀態，整體市場價格根據資產淨值變動的情況，則被稱為「盤整市場」。接下來我會簡單說明每種市場現象的特徵（圖3-7）。

①個別股票遭物色取捨的業績掛帥市場

當股市成為業績掛帥市場，投資人開始**物色個股**、**做出取捨的狀況會變得非常顯著**。公司業績狀況良好會帶動股價顯著上漲，業績狀況差的公司股價則會大幅下滑。對筆者這類型嚴格挑選個股再投資的投資人來說，這是最能發揮實力的一種市場狀況。但是，就整體狀況來說，業績掛帥市場由於欠缺了一些帶動整體市場上漲的因素，該市場下的**日經平均指數多以持平為主要趨勢**。

圖 3-7

當四個股價波動要因的其中之一支配市場時其名稱與特徵

要因	主體	市場名稱	特徵
近未來的業績	企業	業績掛帥市場	個別股票遭選擇取捨的狀況顯著
利率水準	中央銀行	金融政策市場	金融緩和政策帶動整體市場觸底反彈
風險	投資人	混亂市場	股市激烈震盪的同時持續下滑
資產淨值	企業	盤整市場	即使爆出負面因素也不會繼續下跌

圖 3-8

什麼是距離外攻擊戰術

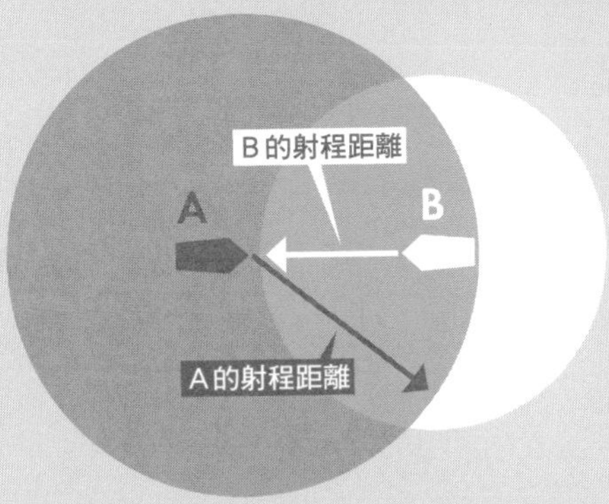

將敵人（B）置於自己的射程範圍之內，而自己（A）則處於敵人的射程範圍以外時，就形成單方面攻擊的必勝局面。這種戰術就稱為距離外攻擊戰術。

②整體觸底反彈的金融政策市場

接下來談金融政策市場的特徵，**各行各業的眾多個股會同時上漲，給人整體股票市場觸底反彈的印象**。當日本央行和美國聯邦準備理事會推動貨幣寬鬆政策，一旦利息降低、量化寬鬆等政策開始廣泛影響到社會整體之中，股票市場也會同時起飛。由於金融政策的影響廣泛遍及各行各業，每一支股票的個別表現不會特別受到重視。我們甚至可以大膽預測即使是債台高築的企業，也會因為「利息負擔減輕」帶來的積極影響，而使業績受到期待，股價也因此容易呈現上漲趨勢。不動產類股和鋼鐵類股就是代表的例子。金融政策影響下的市場，由於整體對景氣上升的期待高漲，**日經平均指數也因此大幅上漲**。

③急起急落的混亂市場

另一方面，如果某一天**股價像底部塌陷般突然開始急遽滑落**，那就是混亂市場的徵兆。當一直以來穩定股價的前提崩塌，市場被巨大風險所支配時，股價就會在投資者心理極度惡化的情況下，形成反覆劇烈起伏並持續下滑的趨勢。只要股價一度大幅滑落，靠信用交易操作槓桿的投資人將苦於資金方面的操作，迫使投資人大量脫手股票，進一步加速了股票下跌的狀況。若風險止於風險，未顯現即消失的話，後續股價可能激烈反彈。然而，若風險成為現實，並導致公司業績顯著惡化時，則必須為進一步的股價下跌做準備。

個人投資者如果會犯大錯，一定是因為混亂市場的關係。儘管市場存在著巨大風險，個人投資者卻經常因為沒有注意到這一點，誤以為風險與往常相同，因此和平常一樣趁短暫下跌的時候買進。運氣好的時候，順利的話或許可以大賺一筆；若結果不如預期，資金就會在瞬間蒸發。不幸的是，我們**幾乎不可能事前預測混亂市場何時開始**。當市場呈現過熱跡象，對投資人來說最關鍵的是**盡快採取降低風險的行為**，例如取消信用交易、在資產運用上提高現金持有比例等等。

④盤整市場是絕佳的進場時機

順帶一提，混亂市場經常伴隨業績惡化，使得**日經平均指數跌幅驚人**。如先前所述，在這樣的狀況下，多數公司的股價會改成根據資產淨值來估算，比較能反映公司現況。**日經平均指數開始逐步描繪出一幅觸底盤整的獨特圖表**，此時即使再出現更多不利大盤的情報，股價也不會下跌太多。這麼一來，對我這種採取價值（低價）投資策略的投資人來說，就形成了一個絕佳的進場時機。

你今後三～五年的投資成績，完全取決於你在這個時期買入多少後勢看好的個股，這麼說也不為過。景氣一如既往地糟糕，社會的每一個角落都充斥著負面新聞，但是你應該帶著開朗的心情，鼓起勇氣選出值得投資的股票。

為此對你而言最重要的是，在混亂的市場洪流之中，不要讓自己遭受太大的打擊導致無法振作。只要手上還握有充足的資金，就能在人生最重大的機會中打出全壘打。

長期投資成功的祕訣

在此，我想重新將注意力放在近未來業績的「近未來」這個部分。市場的參與者會藉由預測企業短至數個月、長則三年左右的「近未來」業績，來對企業價值做出判斷。假如只有你一個人能夠預測到未來三～五年以上的業績趨勢，你就能以資本利得的方式賺取其中的差額。

太平洋戰爭以前，舊日本海軍強烈意識到「距離外攻擊」（outrange）這個戰術。將敵人置於我方的射程範圍內，而自己則位於敵方射程範圍外的位置，這是一種只有我方能夠進行單方面攻擊的戰術（參照圖3-8）。我的投資思考模式與這個戰術思維完全相同。為了促使作戰成功，你必須將自己的射程範圍拉長，達到其他市場投資人都無法企及的長度。

大多數人應該都認為不可能辦到吧？這就是這個戰略能夠成功的理由，我本身長期依循著這個思維來實踐長期投資。當你判斷一支股票目前的股價與三～五年後的預期業績相較之下相當便宜，你就應該大量買入那支股票。由於你必須花費三～五年的時間來成就目標，想當然耳，操作投資的時間將會拉得很長。

應該很多人會這麼問：「要怎麼做才能辦到這些事？」各位所需要的是去**實踐那些自古以來一步一腳印的方法**——讀懂企業財報、查閱企業的中期經營計畫和財報說明會的公開資料，然後親身實際去購入、使用該公司的商品和服務；實際參加股東大會和企業說明會，和公司經營者碰面；透過網路、雜誌等平台，查詢該領域的業界情報和專業資訊。

最重要的是**付出努力，讓自己變得比任何人更了解自己投資的企業**。很多投資人不關心企業本身，卻容易受到明天的匯率預測、大戶投資者的動向、新時代的技術等因素影響，將目光放在正在上升的人氣公司股票。在這當中，只有你**以擅長的領域為中心，默默持續地探求具有隱藏實力的企業**。這種企業雖然沒有得到太多市場關注，但是當你邂逅這類型對自己來說最完美、如寶藏一般的股票時，可以說已經滿足了距離外攻擊戰術的所有條件。剩下的就只是購買那支股票，然後持續關注它就夠了。**總有一天時代會追上你，當那家企業的實力獲得高度評價**

之時，就是你的財產倍增的時刻。

如果可以的話，任何人都想在盤整這個時間點購入最棒的股票，然而沒有人知道暴跌是否會發生、何時會發生。如果你挖掘的企業是真正的寶藏，**與其擔心股價暴跌，不如擔心股價在你三心二意的時候一口氣飆升**。即使你的資金被捲入並跟著股價暴跌砍半，只要你投資的股票是真正的寶藏，今後股價上漲十倍也不是夢想。

POINT 3 成功的祕訣，就在於為了比任何人都更深入了解股票而做的努力

股價水準無法簡單衡量，精通本益比的運用方式

本益比是衡量股價水準時一個廣泛使用的指標，計算方式為股價除以每股盈餘。假如某一支股票的股價為一千日圓、每股盈餘為一百日圓，則可以算出它的本益比為一千除以一百等於十倍。一般來說，**「本益比愈高代表股價相對昂貴，愈低則相對便宜」是普遍的解釋，但是實際狀況並非如此單純**。我會在接下來的篇幅裡詳細說明如何看待本益比。

首先從最基本的概念開始。本益比可以區分為兩種，分別是實際的業績本益比與預估本益比。實際的業績本益比，指的是「以現在股價除以近期公布的每股盈餘」估算出來的已知本益比。另一方面，預估本益比則是「以現在股價除以本期以後的每股盈餘預估值（以下稱為預估每股盈餘）」來預估公司未來的本益比。

由於股價經常會因為反映了近未來的業績而產生波動，因此以代表近未來業績的預估每股盈餘所計算出來的**預估本益比，一般來說較受投資人重視**。

你可以自己試算預估每股盈餘，證券公司的分析師也會進行相關數字的計算。然而，通常我們會廣泛使用上市公司自己的預估本益比，這是用該公司自己公布的本期財報預估每股盈餘計算而得的數字。網路文章或雜誌上的預估本益比若沒有在旁邊特別附註說明，通常就是公司自己的預估本益比。在接下來的文章中出現的預估本益比，指的都是公司的預估本益比。

耐人尋味的預估本益比的評價

儘管本益比被廣泛視為衡量股價水準的指標，但是你不可能單純只靠預估本益比的高低來投資股票並賺錢。這是因為**即便預估本益比的數值（倍率）相同，若沒有根據企業本身狀況一起評估，仍然不能判斷股價究竟是便宜還是昂貴**；甚至在某些狀況下，我們難以用預估本益比來判斷股價水準。為什麼會發生這種事呢？了解這其中的奧妙，是精通股票投資的關鍵。

即使預估本益比的數值相同，根據企業的不同，有幾個因素會導致股價的合理水準與本益比的數字產生差異。**第一個因素是來自於風險**。預估本益比說到底仍然是一個預測出來的數字，只要是預測，就存在落空的風險。這項風險的嚴重程度，會因為經營風格、行業別以及商業模式等因素對個別企業產生不同的影響，並且將會使預估本益比產生誤差。就結果來說，**被判定為「風險較高」的企業，其預估本益比較低，「風險較低」的企業則預估本益比較高**。

什麼樣的企業會被判定為「風險較高」？通常是容易受到匯率、市場、政策改變影響的公司，或是過去曾經發生過多次負面事件，而在社會上失去信用的公司等。舉例來說，容易受到匯率影響的行業為海運、石油和汽車等。

另一方面，「風險低」的企業通常不太受到匯率與市場變動的影響，是以內需為主的公司。例如無論景氣好壞，社會對食品公司、日用品製造商或製藥公司所提供的商品一直都有穩定的需求，這些行業不太受景氣影響，因此它們的股票被稱為「防禦型股票」。

如上所述，因為外部環境的影響程度和企業本身的風險特性，預估本益比會與合理的股價水準產生誤差，所以**若要推估合理的股價水準，就必須與業界其他股票比較，或是分析該企業的商業模式**。

下一個各位必須要知道的**第二個因素是成長率。若企業的成長性被高度期待，預估本益比通常較高，反之若企業被認為即將衰退，則預估本益比偏低**。這邊要注意的是，如何觀察高成長企業的預估本益比。上市公司所發表的業績預測數字只結算到這一期的財報數字，然而就成長型股票而言，公司未來二～三年左右的成長趨勢，大多會反映在目前的股票價格上。如果我們參考的預估本益比，是以實際的業績本益比和本期財報的預估每股盈餘計算出來的數字，那麼很多目前**我們認為昂貴的股價，跟用二～三年後的預估每股盈餘計算出的預估本益比數字相比，大部分不能稱之為昂貴**。

我們假設目前有幾支股價為一千日圓的成長股，其利潤成長率在往後的三年內維持不變。當這些股票在年利潤成長率分別為一〇%～一〇〇%的不同狀況下，未來三年的每股盈餘走勢為何？以及當我們以目前的股價和三年後的預估每股盈餘來計算預估本益比其數據為何？我將這些數字表列於圖3-9。

當「成長率」來到最高的一〇〇%時，實際的業績本益比來到一百倍，股價看似非常昂貴，然而如果這支股票在未來三年內持續維持一〇〇%的利潤成長，就絕不能說它是一支很貴的股票。因為當我們用現在的股價除以三年後的預估每股盈餘時，會發現得出的預估本益比數字僅僅只是十二．五倍。

如圖表所示，**透過二～三年後的預估本益比來判斷目前股價水準的便利指標，稱為「本益成長比」**（Price/Earnings to Growth Ratio，ＰＥＧ）。只要將實際的業績本益比除以未來三年的成長率即可。例如，以實際業績算出的本益比為二十倍，而每股盈餘的成長率為每年二〇%，在這個狀況下，用本益比二十倍除以每股盈餘的成長率二〇%，算出本益成長比等於一。**本益成長比若接近一，代表現在的股價合理；低於〇．五代表股價便宜，超過二則可以判斷為昂貴。**

圖 3-9

即使實際的本益比超高，若成長率也有相同水準，就可以說是合理股價

現在股價（日圓）	成長率（%）	實際的本益比（倍）	每股盈餘				用現在股價除以3年後的每股盈餘算出的預估本益比（倍）
			近期（日圓）	1年後（日圓）	2年後（日圓）	3年後（日圓）	
1000	10	10	100	110	121	133	7.5
1000	20	20	50	60	72	86	11.6
1000	30	30	33	43	56	73	13.7
1000	40	40	25	35	49	69	14.6
1000	50	50	20	30	45	68	14.8
1000	60	60	17	27	43	68	14.6
1000	70	70	14	24	41	70	14.2
1000	80	80	13	23	41	73	13.7
1000	90	90	11	21	40	76	13.1
1000	100	100	10	20	40	80	12.5

第三個因素則取決於企業的獲利能力。我們介紹過股價波動的其中一個原理：當公司的收益極端惡化時，股票市場會根據公司持有的資產淨值來估算股票價值。在這種情況下的股價指標，是以現在股價除以淨資產得出的股價淨值比。當公司收益極端惡化時，預估每股盈餘也會顯著減少，假如預估本益比飛升至五十倍，股價淨值比卻非常低，只有〇．五倍，我們就能判斷出現在的股價偏低了。

那我們該用預估本益比或股價淨值比，來當成判斷股價水準的指標呢？此時必須用**企業的獲利能力來決定**，而**「用預估每股盈餘除以每股股東權益」得出的股東權益報酬比**（Return On Equity，ROE），**是我們可以依循的指標**。

圖3-10出自日生基礎研究所的調查報告，顯示了二〇〇五年一月開始至二〇一七年七月為止，日經平均指數每個月的股價淨值比和預估股東權益報酬率之間的關係。從這張圖表可以看出，**當預估股東權益報酬率低於八%時，股價淨值比會在一倍左右游移**；一旦預估股東權益報酬率超過八%，股價淨值比就會開始上升。由此我們可以得知，當企業的獲利能力極端低落，導致而必須以股價淨值比來判斷股價

水準時，一個標準的判斷方式就是看預估股東權益報酬率是否低於八%。

另外，股價淨值比和股東權益報酬率之間還有另一個公式，那就是：

股價淨值比＝股東權益報酬率Ｘ本益比

當股東權益報酬率低於八%，等於股價淨值比維持恆定，這其實意味著當**股東權益報酬率愈低，必然使本益比變得愈高**。請各位務必記住這一點。

謹慎面對預測趨勢和臨時因素

第四個因素在於上市企業公布的業績預測會有偏差。例如，在面臨劇烈挑戰的企業當中，**有些公司會為了維持高股價而公布高額預期業績**，藉此提高投資人的期待。這個時候因為實際達成的可能性很低，因此根據此預測來投資是不會賺錢的。反之，在作風保守的企業當中，**也有些公司傾向提出較低的預估數字**，這種企業通常會在下半年頻繁上修業績，因此股價上漲的公司不在少數。可能的話，盡量**養成「比較過去的業績預測和實際結果」的習慣，以確認該企業公布的業績**

預測是偏向保守或充滿野心。

最後，第五個因素是**當期內短期的收益變化**，請各位務必留意。例如，有計畫地出售具經濟效益的閒置資產，可以預料到財報的淨利將會大幅增加，但僅限本期。在這種狀況下，預估本益比會暫時下降。相反地，如果企業償還過去的負資產，就會發生僅限本期的特別損失，導致預估本益比暫時上升。

無論哪一種情況，長期來看對企業價值的影響都不大。如果股票市場因為這種臨時的因素認為業績即將惡化而使該公司的股價下跌，各位可以將之視為投資機會。

我將查看預估本益比時必須注意的五個重點整理於圖3-11。分析時**不要只看預估本益比的數字高低，必須深入了解造成該數字的原因**，才能做出正確判斷。我希望各位只在深入了解成因後，仍然判斷股價偏低的狀況下才進行投資。

POINT 4 參考本益比時也必須考慮上述各項因素

圖 3-10

股東權益報酬率高於８％時股價容易上升

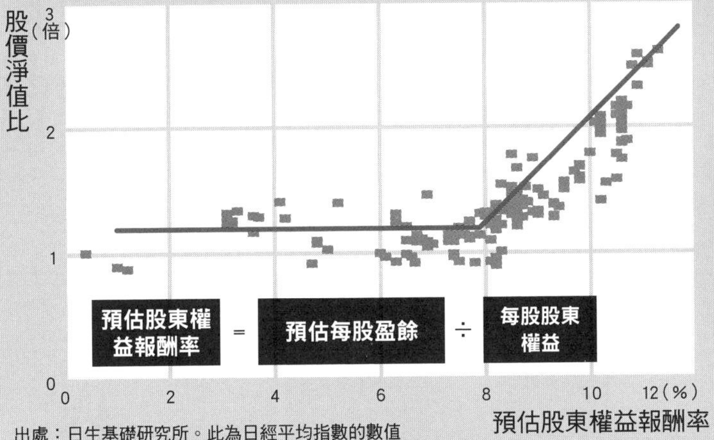

出處：日生基礎研究所。此為日經平均指數的數值

圖 3-11

確認預估本益比時須注意的五個重點

01	企業本身的風險因素	●風險高＝低本益比 ●風險低＝高本益比
02	二～三年分的利益成長	●高成長＝高本益比 ●低成長＝低本益比
03	與資產淨值做比較	企業獲利能力低落時，本益比可能較高
04	經營者數字與實際狀況的誤差	●具野心的預測＝低本益比 ●保守的預測＝高本益比
05	忽略一時的損益	●一時的利潤＝低本益比 ●一時的虧損＝高本益比

專欄

03

投資成長股，你需要具備什麼思維與能力？

「在企業潛力上賭一把」——如果你單純這麼想就進入股市投資，恐怕會撞上幾道障壁，但是這跟每個人在運動和考試時會遇上的才能和努力的撞牆期又有些不同。大部分投資不順利的個人投資者，都會撞上「無法正確看待事物」這一面牆。麻煩的是，不知道這些投資者本人是沒有注意到，還是注意到了卻不願修正的關係，大多難以突破這個障壁。接下來我想針對這一點來說明。

隨時質疑自己是否陷入了迷思

首先，我希望各位可以經常質疑自己的投資行為是否陷入迷思。很多人一直以來都抱持著一種想法，認為「股票投資就是這樣」，可是這種想法在大多數狀況下都跟事實有著大幅差距。你有可能一直把錯誤的觀念當信念，例如：「景氣好股票上升，景氣差股票下跌」、「成長股誕生於備受期待的成長產業」或「操作股票時若不小幅停損就不會賺錢」等。

這些觀念看起來好像大致正確，但是至少在投資成長股的時候，這樣操作通常是錯誤的。例如，有「防禦型成長股」之稱的成長股，在景氣惡化的時候還是能繼續上漲，優衣庫（UNIQLO）的母公司迅銷公司、宜得利集團和鳥貴族就是這類型的股票，它們即使屬於服飾、家具和烤雞肉串餐廳（居酒屋）等發展極端成熟的產業，仍然是相當驚人的成長股。另外，如果你因為股價的小幅波動，就不斷重複停損買回的動作，很可能親手放掉幾年內股價有機會飆升數倍或數十倍的飆股。本書介紹的投資架構「連起來分析法」，就是為了幫助各位讀者消除迷思、培養正確看待事物的能力的一項工具。

股價並非日積月累而得

初學者常犯的另一個更本質的錯誤，在於如何看待短期股價波動這一點。例如，初學者認為長期股價是透過長期的日積月累而形成，因此對於短期股價的判斷力也能運用於判斷長期股價。過去我也曾經被這種思考方式所支配。

各位可以用日本職業棒球的賽季來想像。在長達半年的賽季當中，球隊透過每場比賽的勝負來累積積分，累積最多次勝場的球隊獲得聯盟總冠軍。想當然耳，在夏季結束、剩下十場比賽的狀況下，勝率僅四成的普通球隊，幾乎不可能取得聯盟冠軍。

以同樣的邏輯，我們回頭來看看股票。假如今天有一支股票不只受到景氣影響，還出現觀感不佳的新聞，在春季初期股價就下滑了二〇%。然而，當這家公司一發表四～九月的半年財報之後，業績卻好得令人詫異，跟去年同期相比甚至成長了二〇%以上。試著分析這個現象之後，我們發現這家公司的商業模式和景氣之間的關連並不密切，而當初被報導為「壞消息」的問題，也已經被適當地解決。這麼一來，狀況會如何進展呢？這家公司在股票市場上瞬間洗白，評價也一掃先前的陰霾，從隔天開始股價就急遽上升。像這種狀況股價會連日上漲，有些公司甚至可以上漲超過四〇%。

在這個案例當中，半年內其中的半數時間，因為投資者的普遍擔憂與誤解，以及瞄準這一點的投資客刻意操作，導致該股票的股價在半年內持續下跌。在財報公布之後的短短數日內，反映了該企業的基本狀況（基礎條件），就長遠來說這次的股價變動有其意義。

近年來，將心理學知識以及ＡＩ（人工智慧）運用在投資後，上述這樣的現象頻頻發生。短期的股價變動反映的是投資人的心理，使得短期股價經常發生與實際的企業營收毫無相關的變化。因此，請各位務必捨棄這種「積分賽」的思維。短期股價不一定與企業本身連動，投資時請以此為前提來進行操作。在先前的篇幅裡曾經提到，若從價值工程應用的角度來思考，就會發現由於業績與投資人的心理現象是兩個相反的方向，因此會發生「業績⬆股價⬇」的狀況。

培養鈍、忍、觀這三種能力

想要靠投資成長股獲利，就要鍛鍊自己**鈍感地面對每天的股價波動**，如果每當股價一有風吹草動你都被影響，就絕對不可能靠股票賺大錢。所以請堅定意志，不要每天看股價。也不要去網路討論區或透過社群網站查看存股的股價情報；就算看了，當作參考就好，不要一一相信。各位或許都對「鈍感」抱持著負面印象，然而如果你對股價波動產生了過敏症狀，也會產生很多問題。很多人對短期股價過於敏感了。

然而只靠鈍感力，也難以長期持有成長股。即使企業的體質良好，一旦股價過了一、兩年都沒有上漲的跡象，投資人終究會失去耐心，起了賣出持股的念頭。然而，只因為「股價不上漲」這個理由就賣出股票是不行的。如先前所述，從價值工程應用的角度來看，「業績⬆股價⬇」和「業績⬆股價➡」這兩種狀態持續得愈久，價值也會提升得愈高，連帶擴大獲利機會。

正是這種時候，我希望各位務必忍耐。在這個狀況下**除了鈍感力以外，忍耐力也是必要的**。儘管企業的基本體質愈來愈好，股價也有可能長期只在有限的範圍內來回小幅波動，這個現象的原因除了心理因素、投機行為以外，我認為還有其他理由：

❶尚未擺脫某些風險因素。
❷沒有把握住進入上升市場的契機。
❸被整體狀況低迷的市場掃到颱風尾。
❹股市的人氣集中在其他領域的類股，還未吸引到投資者的目光。
❺人為操作使得股價被壓抑。

一般來說，❺這種操作市場價格的行為是違法的，我也始終這麼相信，但是我實際遭遇過類似的現象。為什麼不惜操作市場價格也要使股票價格僵化？事實上，股票獲利靠的不只是股價飆升，關鍵在於「獲利=股價成長率X股數」。資金充足的投資人一旦發現優質股票，就會希望以低價買入愈多股數愈好，但如果股價沒有維持長期低迷的狀態，就無法實現這一點。

無論原因是什麼，你應該關注的不是股價，而是公司的基本狀況。也就是說，真正需要關心的是你投資的企業本身。**與其去追查股價僵化的理由，還不如好好的評估企業，鍛鍊自己的觀察力還比較有幫助**。只要公司的基本體質良好，總會有股價上漲的一天，重要的是持續確認業績變化的原因（確切證據），同時密切關注手中股票的企業經營狀況。

若要長期投資成長股，絕對需要擁有這三種能力：鈍感力、忍耐力，然後是觀察力。鈍、忍、觀，請各位當作口訣記起來。

長期投資成長股需要的三個能力

鈍

運用鈍感力，跟每天的股價波動拉開距離

忍

運用忍耐力，克服股價長期低迷的時期

觀

運用觀察力，持續掌握投資企業的基本狀況

PART

4

懂弱點

不讓情緒凌駕理性，克服每個人都有的弱點

這一章我會針對「連起來分析法」的第四個主題「懂弱點」進行說明。

「搭上網路發燒話題類股的人氣列車，卻徹底買在股價天花板」、「不管這麼做多麼違背當初的意圖，一直固執在某支股票上，導致損失愈來愈大」、「開心地在股價上漲三〇％的時間點，賣掉未來股價飆升十倍之多的成長股」——這些全部都是我自己經歷過，眾多失敗的一小部分。

各位讀者應該不少人都有同樣的經驗，可能再也不想回憶起這種黑歷史。但是我認為有必要先冷靜下來，**把這些失敗的經驗視為自己的弱點去審視，並且思考如何克服。**

「連起來分析法」的五個投資技巧

懂優勢
➡了解屬於自己的獨特優勢

懂趨勢
➡了解複雜的股價趨勢

懂原理
➡了解決定股價的原理原則

懂弱點
➡意識到只要是個人投資者、只要是人都有的弱點

懂情報
➡閱讀決算書表和公司資料，務必取得並掌握情報

十年前的悔恨成為轉機

距今十年前的二〇〇七年，當時我靠著股票投資，在過去四年內使個人財富增加了三倍（圖4-1）。當時的我堅信：「只要我的操作得宜，就能增加更多資產。」我真是什麼都沒搞懂。

談到我當時的投資風格，從當日交易到最長一個月左右的波段交易，手法跟現在的我比起來都屬短期操作。當時相當流行短線交易，無論是股票雜誌或是網路的相關文章，都廣泛介紹短線交易的操作手法，甚至認為其他投資法都過時了。

不過有一次，我試著查詢自己曾經買賣過的股票的後續狀況，然後我驚訝地發現，如果我沒有在四年內將股票賣掉，而是持續持有這些股票的話，事實上在我曾經持有的股票之中，大多數股票的股價比起當初買進的價格上漲了五到十倍。什麼都不做就可以獲利五到十倍，我卻因為某些原因分好幾次買進賣出，使得我的資產僅僅增加三倍。「目前為止的努力到底是為了什麼！」我不得不開始質疑

圖 4-1

大部分股票漲破五～十倍!?

二〇〇七年以前我曾經買賣過的股票實例

Urban Corporation （於 2008 年 9 月破產）

—13週移動平均線　—26週移動平均線

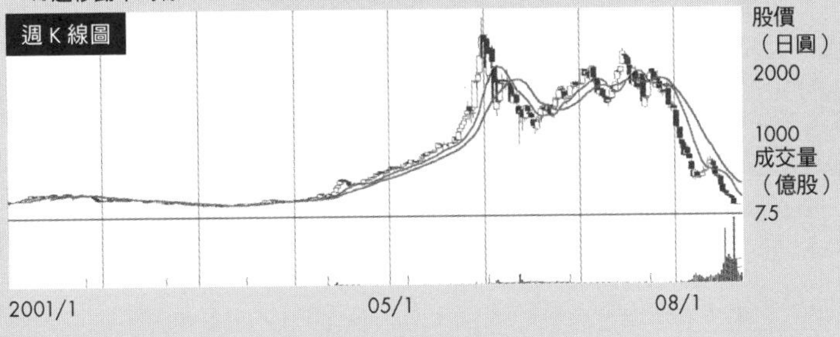

住友金屬工業 （現為新日鐵住金）

—13週移動平均線　—26週移動平均線

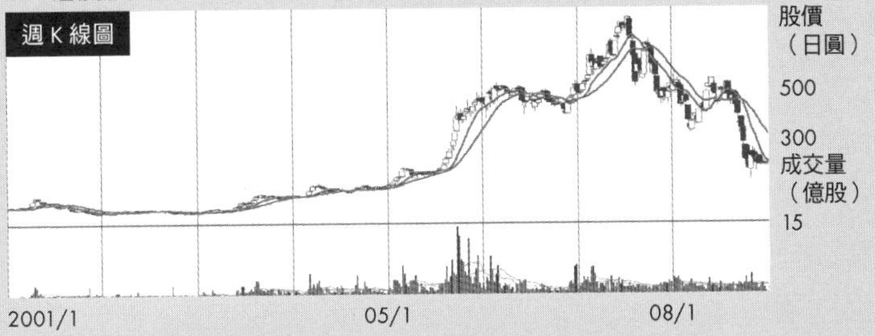

商船三井

—13週移動平均線　—26週移動平均線

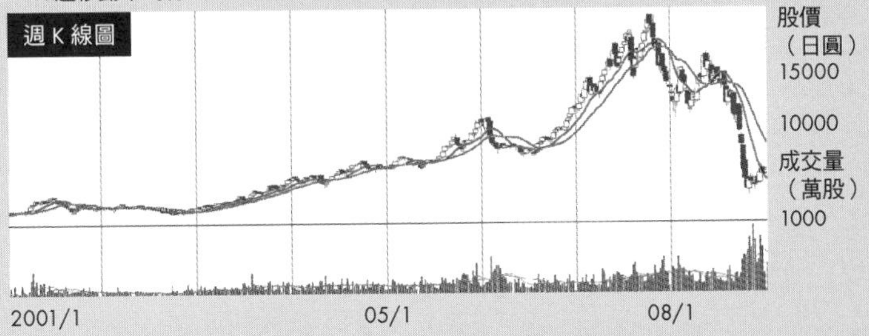

自己過去的投資模式。

「我擅長分析企業再行投資，與其操作短線交易，長期投資更適合我」、「一邊上班一邊進行短期投資，就根本來說相當不利」、「一直以來我在絕望與狂喜之間小心翼翼地取勝、失敗，但是從長期來看，那些都只是不值一提的小小變化」……

就在那個時候，我想起了一本書，我曾經到圖書館借來瀏覽過，一直留存在我的印象當中。那本書就是《彼得林區 選股戰略》。該書的作者是彼得．林區，他是一位活躍於美國資產管理公司富達的傳奇基金管理人。我立刻買進了亞馬遜公司的股票，並且再次詳讀這本書，我一邊讀一邊回顧自己過往的投資方式，先前的疑問變成了確信，當我讀完這本書時，我決心「在接下來的投資當中實踐林區的投資法」。

「如果我在部落格裡把自己投資的記錄公開並留下文字記錄，就能再次組織整理自己的想法」。基於這樣的考量，我於二〇〇八年五月開始經營部落格「奧山先生的梨子樹」。或許是努力得到了好評吧，我得以在《日經ＭＯＮＥＹ》的連載專欄解說股票投資法，甚至走到出書這一步，人生何時會迎來轉機，實在令人難以預料。

把弱點化為優勢

回到「懂弱點」這個主題，我身為一個上班族，**平日需要上班，這在短期投資的世界裡是一個壓倒性的弱點**。當我還在操作短期投資的時候，智慧型手機尚未普及，我只能在工作之餘利用功能型手機買賣股票。那些在股票雜誌裡介紹的眾多當沖客老手們，都是從早到晚盯著好幾個螢幕觀察股市的變化，以便即時買賣股票。

我跟專業的當沖客或是專業的證券交易員之間，存在著相當大的情報差距。即使我能彌補這樣的情報差距，我也不可能明目張膽的在工作時間買賣股票，因此在投資時機至上的短期投資之中，我幾乎沒有什麼競爭力。此外，這還造成我時時刻刻都在操心股價，即使在與工作上的合作夥伴開會時也不例外，導致我不管是投資還是本業都呈現半吊子的狀況。

另一方面，如果投資成長股又是怎樣的狀況呢？很多上班族即使不喜歡也必須學習財務分析和會計處理，同時能夠取得廣大業界裡的情報和商品相關的知識，而且學習經營理論和投資模型也有助於自己的本業。如果你把賭注下在長期的企業成長上，每天的股價變化就只是馬耳東風般的雜音，還能**把「上班時不能看盤」這個在短期投資中壓倒性不利的弱點，轉變為自己的強項「上班時不看盤也沒關係」**。這個投資法使我可以兼顧投資和自己的本業，兩者之間甚至有著互相加成的效果。

「我之所以是一個好的投資者，是因為我同時是企業家；而我之所以是一個好的企業家，是因為我同時也是一個投資者。」這是美國股神華倫·巴菲特（Warren Buffett）說過的一句話。

我想，如果我把「企業家」改為「上班族」，那麼「即使我不能成為巴菲特，我或許能夠比過去更順利地增加我的財產」。於是，我決定把以下三點作為自己投資戰略的核心，隨時銘記在心。

❶如果你要完整分析並投資一家公司，你不該選擇容易被整體市場動向影響的短期投資，而要根據企業的長期成長趨勢來進行中長期投資。

❷對於無法在工作中確認股價波動的上班族來說，在短期投資的交易環境裡是絕對不利的。

❸相反地，因為與每天的股價變動保持距離，所以能將精力集中在長期的業績變化上。

寫部落格帶來的意外收穫

即使訂出了上述這些核心投資戰略，要實踐這些戰略並沒有容易。理智上雖然理解了，情感卻還沒跟上。在公司裡面拼命努力，每個月的薪水不過數十萬日圓，然而只要投資在股票上的資金夠多，這種程度的獲利或虧損可能在一天內發生（視情況有時只要幾分鐘）。就算你已經下定決心長期投資並買入成長股，然而如果只花三天就獲利三十萬，你很難不心生動搖，想著：「現在不賣不行！」也就是說，**人人都「不想吃虧」，這個人性弱點將會成為阻礙**。

為了跨越這個弱點，寫部落格實際上對我有很大的幫助，因為我等於向各位讀者宣告：「我是一個成長股投資人。我對短期的股價波動沒興趣。」我每天寫文章分享我的投資狀況，因此即使我的內心在大喊「賣掉」，理智也會發揮作用，告訴我：「如果現在賣掉股票，就沒辦法跟讀者分享後續了。」最後我好不容易阻止自己，不至於踏出賣掉股票那一步。

曾經有一段時間，我搞不清楚到底我是為了讀者寫文章，還是為了不讓自己動搖寫文章。總之，我一邊引用林區、巴菲特和約翰・坦伯頓（John Templeton）等偉大投資家的帥氣名言，一邊透過把自己的想法化為語言，不知何時終於克服了「想要馬上套利」這個情感上的弱點。

很難避免「部落格炎上」的狀況

最後，如果你讀了這篇文章，開始有「我也開始在部落格或社群網站寫投資股票的文章好了」的念頭，為了這些人，我要揭露**最後一個弱點：想跟別人炫耀**。當你靠股票獲利之後，你會獲取一般人無法觸及的巨額利潤，很容易成為別人羨慕和嫉妒的對象。

跟我同時期開始寫部落格的投資人裡面，有很多人因為部落格發生炎上事件而被迫關閉部落格。他們因為講了一句不中聽的話，招致讀者反感並針對此事緊咬不放，後來又不清楚該如何處理這樣的狀況，導致自身難保的結局。

我很怕發生同樣的事情，因此一直提醒我自己不要妄發豪語。即使如此，我也曾經因為讀者的解讀不同而成為遷怒的對象，好幾次在部落格上道歉或修正我的文章內容。

只要是人就會犯錯，我以這個想法為前提，一直以來只要有錯就會直接道歉。

驀然回首，才發現部落格上的自己已經成為一個比真實的自己更好的人。甚至，真實的自己也想成為部落格中的自己。

POINT 1 思考能夠克服弱點的投資戰略

輕鬆克服個人投資者的兩種弱點

個人投資者的弱點大致上分為兩種，一種是可以靠個人努力克服的弱點，另一種是不可能克服的弱點。舉例來說，「沒有會計相關知識」這項弱點屬於前者，而「因為平常要上班，所以沒辦法一整天盯著股市確認股價變動的情形」則屬於後者。

最重要的是找到持續下去的樂趣

在我開始經營股票投資部落格之後，經常有人問我與學習會計相關的問題，例如：「我想開始投資股票，會計相關的學習該怎麼進行？」、「開始投資股票之前，是不是最好先取得簿記二級的資格呢？」等。很多人雖然意識到自己有「會計知識不足」這一項弱點，卻都相當煩惱不知道如何克服這一項弱點。

回覆與會計學習相關的問題時，我一定會這麼回答：「首先先實際購買股票看看，即使購入的金額很小也沒關係，然後把你買入的公司當作活生生的教材，來學習財務分析和會計處理。」

財務、會計相關的知識和用語，雖然不是非常難學，對初學者來說卻很難讀進腦袋，不如**實際購買股票，並且把那家公司直接當成教材來學習**。由於這牽涉到你投資的金錢，學起來會更認真。選股的時候，買入一些跟自己的興趣或工作相關、看起來有趣的公司股票就可以了，因為如果是你原本就在關注的領域，由於你了解事業內容和公司狀況的關係，意外地能賺到錢。

只要把金額控制在小額投資，就不太可能產生巨大損失、造成致命傷。這麼做也有助於補足你對興趣或自身工作的相關知識，快樂地持續學習。雖然我們都希望能夠盡己所能去克服「可以克服的弱點」，但是如果過程像訓練一樣枯燥，終究無法持續下去，關鍵在於要**找到可以持續快樂學習的方法**。

初學者常見的弱點除了會計知識不足以外，還有「太害怕股票」。一九九一年左右，日本的泡沫經濟開始崩壞，「股票很恐怖」開始成為多數日本人的普遍認知。「股票千萬不要碰，因為我的祖父在股市虧了很多錢」，我甚至認識有人的父母這樣從小講到大。

事實上，即使是股票投資經驗超過三十年的我，也經常覺得「股票很可怕」，所以我不能說這個觀念一定有錯。**對股票投資的恐懼會成為你的剎車器，讓你不至於冒太大的風險**，所以我們不需要完全否定這種恐懼感。然而，如果你一直踩剎車，那就永遠不可能向前進，最重要的是取得平衡。首先，就算虧損也要付出小額資金，先試著購買股票，**當成「學費」來習慣股價的波動狀況，這是克服「過度害怕」這個弱點的第一步**。

等到你漸漸習慣股價的波動之後，接下來務必要學會的是「怎麼踩油門」。例如你開車的時候，如果還在踩著剎車不敢放的階段，不太可能發生什麼太嚴重的事故；不過，一旦你學會踩油門，發生嚴重事故的風險就提高了。股票投資也是一樣，當你認知到「自己是素人」，並用少量資金購入股票、學習如何投資時，你不會面臨無法挽回的巨大虧損。然而，當你持續投資了一段時間，並取得意料之外的好成績後，你尋思：「小額投資的極限就到這裡了，想要大幅增加資產，就不得不在某項投資上分勝負。」然後你猛然踩下油門。

這個階段正是投資股票最危險的時期。「想要趕快大幅獲利」的慾望，促使人類心理想要「冒過大的風險」，這是一項新的弱點。事實上，的確有人因為堅信「就是這支股票」並投入大量資金，也在最後取得了足以改變人生的成功。媒體介紹的教主級投資人，幾乎都持有可以代表他們個人的必勝股票，並且一路走來掌握了極少數的致富機會。也就是說，當你要踩油門的時候，如何取得平衡也是相當重要的課題。

運用資金之前先創造本金

首先，確認你的收入、當時持有的資產以及生活計畫，藉此計算出維持生活的必要資金；若資金充裕，從中撥出固定比例的資金用作投資致富的預算。第一次購買股票的時候，你的預算範圍是根據「虧了就當作付學費」來設定的。然而從現在這個階段開始，你要拋開那種負面的想法，**以「我要成為有錢人」為目標，設定一個樂觀積極的預算金額**。

若你的資金不充裕，很遺憾，你沒辦法進行大規模的操作，因此**在資金足夠之前你必須具備的並非運用資產，而是要先創造本金**。你可以開始經營副業，或是透過節省生活費來慢慢累積你的本金；無論如何，沒有存夠錢的話，什麼都無法開始。

我也不例外，為了存下投資股票的本金，婚後我跟妻子一起過著超級吝嗇的生活，結果只花了三年左右就存下兩千萬，連我自己都嚇了一跳。我跟妻子兩個人的年收入總共是八百萬左右，透過實踐女性雜誌上的理財術「年收入僅三百萬也能存下一百萬的方法」，一如預料，兩人每年總共存下了六百萬。年收入合計八百萬的兩人，實行「一個人年收入僅三百萬也能存下一百萬的方法」的理財法

圖 4-2

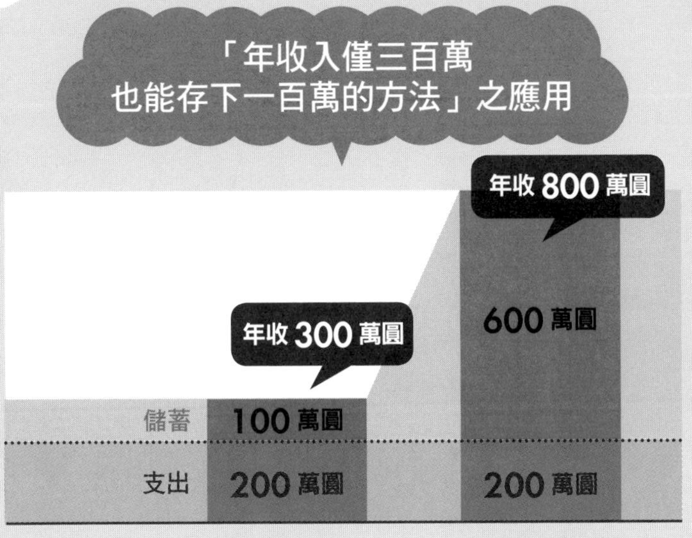

年收入僅三百萬也能存下一百萬的關鍵，就是一年只花兩百萬作為日常支出的省錢生活。理所當然，若由年收入八百萬的人來實踐，就能存下六百萬。

圖 4-3

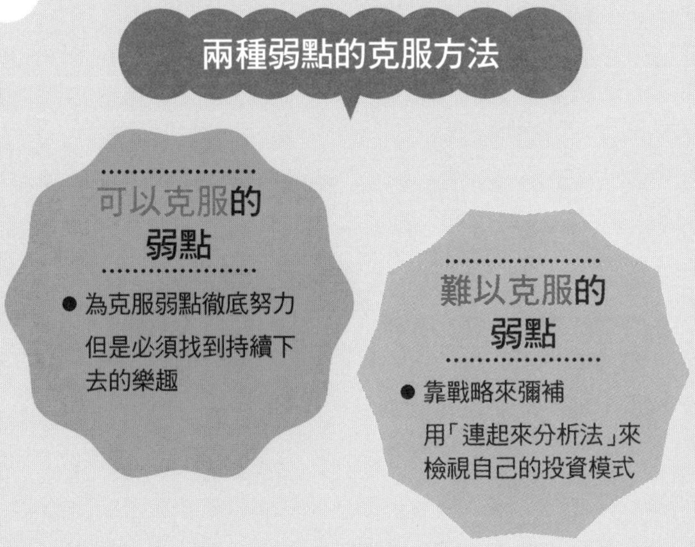

則，例如食物必需品盡量購買打烊前的五折商品，旅行的交通費用靠「青春十八旅遊通票」，自然能存下六百萬（圖4-2）。

我將存下來的兩千萬當中的三分之一（約六百萬）的款項視為「致富基金」，專門用於投資股票，因為這筆錢是藉由過著超省錢的辛苦生活而存下來，起初在使用上我都盡量謹慎。或許正是因為這樣，我得以不暴走失控，按部就班地購買股票，並用陸續累積的利潤繼續購買下一支股票，讓我得以進入正向循環，使這筆錢如滾雪球般愈滾愈多。

順帶一提，有些人可能會說：「因為我有浪費癖的伴侶一定會反對，所以我不可能過超節儉生活。」我和妻子確實是比較極端的例子，但即使做不到這個地步，只要每個月從薪水裡存下三萬塊，大約三年就能存下一百萬。**首先讓自己意識到「累積本金」這件事相當重要，並透過存錢來實踐。**

謹慎對待網路情報

最後讓我們談談個人投資者經常犯的錯誤：**不事先確認就買股票，結果損失慘重**。他們可能偶然在推特（Twitter）之類的社群網站或是網路討論區，看到好像能賺錢的股票情報，就開開心心地買了那支股票，之後股價反而直直落，損失了莫大的金錢。讀者之中是不是也有很多人曾經經歷這種痛苦的經驗呢？

首先請各位務必謹記這一點：對經驗尚淺的個人投資者來說，在情報擴散初期買入股票、待情報發酵後賣出，這是非常危險的投資策略。

「為什麼這麼貴重的投資情報會流出？」請各位務必針對這一點謹慎思考。投資股票獲利的方法很簡單，不外乎就是「低買高賣」，而為了實現這一點，就**一定有低賣高買的人**。但是，怎麼會有投資人特地用高價買入股票呢？**社群網站或討論區爆出的情報，其意圖恐怕就是為了創造這類型的投資者**。

也就是說，跟著這些爆料買股票，你很可能成為那買在高點的人。我希望各位至少先充分理解這個可能性，再來接觸網路情報。

不過，如果你不經意瀏覽到的情報是與股票投資無關的興趣，或跟自己的本業相關，那又是另外一回事了。提供情報的人有可能只是純粹出於善意而提供貴重的情報。

只是什麼事都沒有必然，因此各位最好養成徹查情報的習慣，具體方式我會在下一章介紹給各位。

到此為止提到的所有弱點或失敗，雖然都是個人投資者必須突破的障礙，但都有可能完全克服。弱點不會一直都是弱點，你可以往下一個階段邁進。另一方面，如先前所述，難以克服的弱點確實存在（圖4-3）。

例如，跟機構投資者這類投資專家，或是盯著好幾個螢幕的教主級投資人相比，一般人擁有的情報量和花費在投資股票上的時間實在相差太多。本業不是投資的個人投資者在打情報戰和心理戰時，幾乎不可能勝過他們。

想要克服這種難以彌補的差距，就必須靠擬定戰略來補足。本書提到的「連起來分析法」，就是為此而生。下一頁開始，我會向各位詳細說明靠戰略彌補弱點的方法。

POINT 2 可以克服的弱點請不要遺漏，各個擊破

難以克服的弱點先迴避，不要硬碰硬

「投資必須是理性的。如果你不能理解它，就不要做。」

這是美國股神巴菲特的經典名言之一。在這句話當中，最重要的關鍵在於「理解」這兩個字，因為對投資人來說，最大的弱點就是「不能理解」。

我一再強調，股票投資的原則是**購買跟自己的事業內容相關、可以理解的公司的股票**。如果你無法理解該公司的事業內容，不用勉強自己一定要查到懂。就像巴菲特說的，你不要買那家公司的股票就好，這樣你就不用面對「不能理解」這個難以克服的弱點，而是直接避開。

妨礙理性投資的心理

這麼合理的想法，實踐起來卻不簡單。這是因為人類有一種心理傾向，總是認為難以捉摸的事物充滿魅力，對簡單好懂的事物反而沒有興趣。為了確實遵守「不理解就不投資這個原則」，首先對於乍看之下很有趣的企業，你必須先很明確地自覺到一件事：自己無法理解這家公司。如果你能意識到「自己不理解的地方竟然這麼多」，也就能確認這家公司對你來說具有相當高的風險。

如何具體判斷自己無法理解一家公司？我經常用後頁的五個問題來自我檢視。透過閱讀決算書表、公司資料來獲取情報（證據），看完資料之後，如果對這家公司還有無法解答的疑問，我就會做出先「觀望」、不投入大資金的判斷。

不只是在選股的時候需要盡量避開這種難以克服的弱點，在第二章「懂趨勢」的內容當中，我們討論到長期影響股價變化的三個要因，分別是：❶企業的成長❷市場價格❸市場評價的改變；你把著眼點放在哪一個趨勢現象，將會左右你的投資風格。當我們在確認自己應該著眼於哪一個趨勢現象以及決定投資風格之時，也必須盡量下功夫克服這些難以克服的弱點（圖4-4）。

根據這三個趨勢指標，如果你的目標是伴隨企業成長（營收增加）所帶來的股價上升，那就應該「投資成長股」（成長投資策略）；若你著眼在依據市場評價所進行的股價修正，「投資低價股」（價值投資策略）是比較好的投資選擇；如果你希望藉由市場價格帶動股價進而獲利，那就鎖定「景氣循環股」（景氣循環股投資策略）。

另外，對應市場趨勢的投資方法當中，還有一種捕捉市場「動能」（momentum）的「動能投資」，它起因於投資者「強勢」或「怯懦」的心理變化。同一個投資標的物儘管價值相同，當每一個市場的價格不同時（如現貨市場和期貨市場等），就能夠到價格較低的市場買進，然後再到高價的市場賣出以獲取利潤，這種投資法稱為套利。

五個提問

- ☑ 為什麼這家企業正在成長？
- ☑ 是否能預期未來能成長到什麼樣的地步？
- ☑ 若該公司停止成長，你認為有可能因素是？
- ☑ 是否已經出現負面的徵兆？
- ☑ 股價是否已經處於合理水準？

圖 4-4

因應股票趨勢的五個投資方法

01 投資成長股 （成長投資策略）

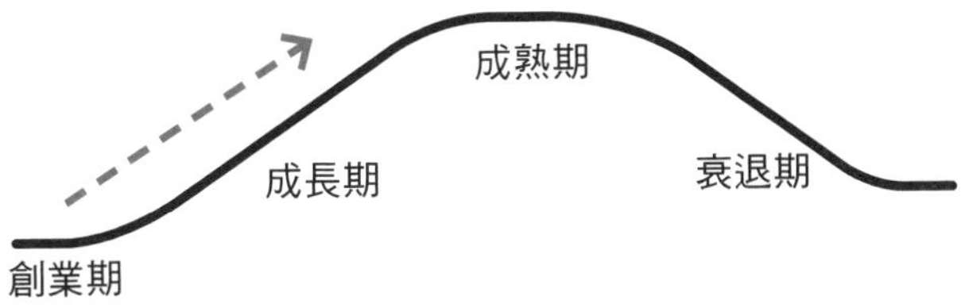

02 投資低價股 （價值投資策略）

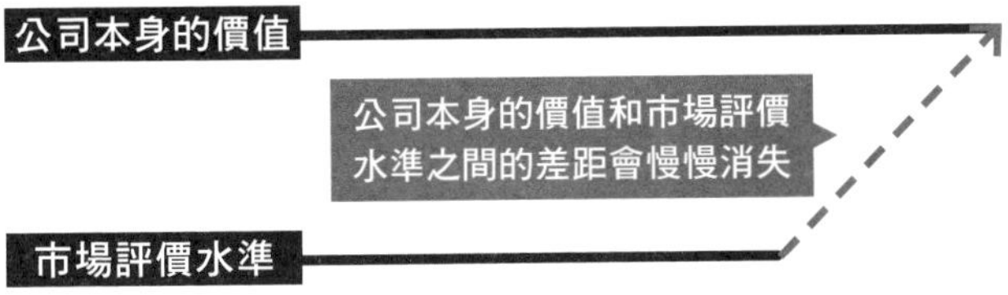

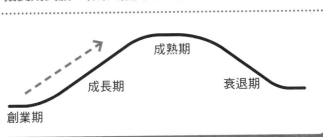

引導我決定投資方法的三個弱點

以我自己為例，我的投資策略是搭配成長股和低價股，**以相對較低的價格購入成長股，主要的獲利目標鎖定股價修正和企業成長帶來的股價上漲**。過去我也曾經嘗試過景氣循環股的操作和動能投資，然而我之所以確立目前的投資風格，就是因為這樣的投資模式，讓我得以避開以下三個難以克服的弱點：

❶我是一個上班族，沒有辦法花一整天盯著電腦螢幕，所以無法快速得知景氣指標，或是靠看盤或走勢圖很快地讀出投資人的心理。

❷為了靈活買賣我最擅長的小型成長股，我容易投入過多資金。

❸我不想衝動進行會混亂部落格讀者的投資。

「自己有哪些難以克服的困難？」、「為了避開弱點，我要專注在哪個股價趨

圖 4-4

03 投資景氣循環股（景氣循環股投資策略）

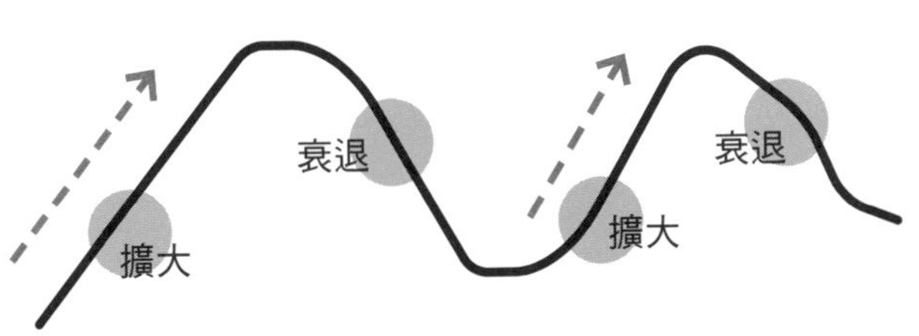

04 動能投資

05 套利（arbitrage）

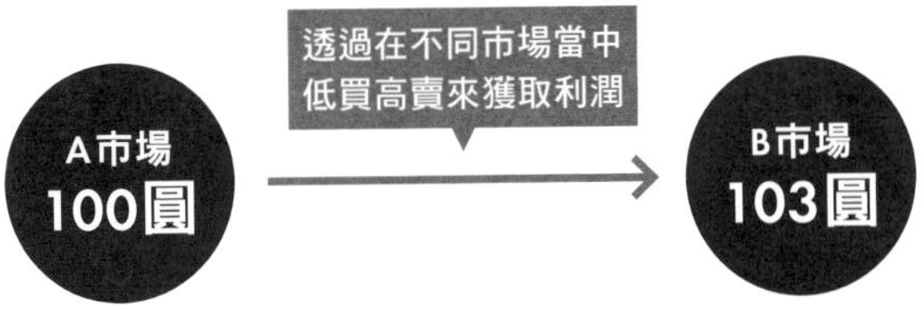

勢、採取什麼樣的投資方法？」各位讀者不妨也試著冷靜下來，針對這兩個問題深入思考看看吧？

單純的買賣原則也可能產生弊害

情緒是另一個難以克服的弱點，接下來我要說明避開情緒弱點的方法。只要開始投資股票，各種魚龍混雜的投資情報就會開始湧入眼前，每個情報都有可能大幅動搖你的情緒。結果，即使你曾經發誓「極為看好這家公司，年銷售額達到一千億日圓之前我絕不放手！」，也有可能採取最不可能的行動：「一個不小心、一個不注意就賣了這支股票。」

你需要付出一些努力來防止這樣的失敗。以我自身為例，只要沒有滿足以下三個條件，我就不會賣掉手上持有的股票：

❶股價跟企業本身的價值相比已經過高。

❷企業停止成長。

❸在詳細調查之後，發現了更好的股票。

從情感的角度來看，條件❸比較容易讓人陷入難以判斷的狀況，畢竟人有「國外的月亮比較圓」的心態，所以必須針對條件❸設下更高的門檻。至少對我來說，如果新發現的股票跟手上持有的股票差不多，或只是「好一點」的話，我是不會進行替換的。但是我希望各位先有一個認知：若只是單純設下買賣原則，有時候也可能帶來弊害。例如，很多用動能投資法操作投資的人，會設下機械式的停損規則，這個行為的壞處是股價容易因為投資人進行停損，使下跌的狀況產生增幅的現象。有投資者會瞄準這個現象，採取「狩獵止損」（stop hunting）這個交易策略（圖4-5）。

為了靠股票投資獲利，你必須向願意便宜賣出股票的人買股票，然後再將這些股票賣給願意高價買入的人；反過來，你也可以將股票賣空給願意高價買入的人，然後再向願意低價賣出的人買回這些股票。狩獵止損這個交易策略就是針對後者。首先在股價高時大量賣空進行佈局，當股價隨著賣空大幅下跌超過一〇%之後，設定好停損點的動能投資者便會開始接連賣出股票。因此，即使賣空的數量相當大，也很容易用低價買回所有的股票，最後就能不費吹灰之力獲取利潤。

如果確定是人為操縱市場，這的確是違法行為，然而你很難判斷操作者到底是聽到負面消息而故意賣出股票、操作股票下滑，或是因為合理判斷「股價水準下修」而賣出股票的。無論如何，事先知道市場上有這種人在進行買賣佈局，對各位讀者來說也不是壞事。

我將本節提到的弱點統整為圖4-6，請各位參考。

POINT 3 在各式各樣的局面當中，迴避弱點將是成功與否的關鍵

圖 4-5

瞄準停損的交易策略「狩獵止損」手法

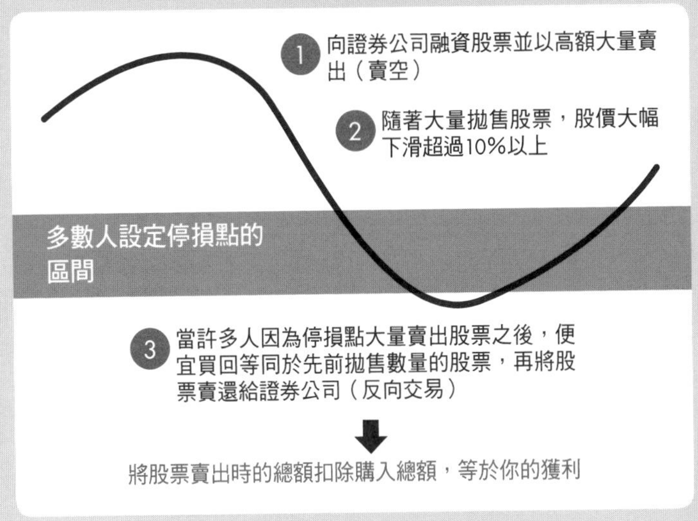
1 向證券公司融資股票並以高額大量賣出（賣空）
2 隨著大量拋售股票，股價大幅下滑超過10%以上
多數人設定停損點的區間
3 當許多人因為停損點大量賣出股票之後，便宜買回等同於先前拋售數量的股票，再將股票賣還給證券公司（反向交易）
將股票賣出時的總額扣除購入總額，等於你的獲利

圖 4-6

投資弱點統整

必要知識（財務會計等）	可以克服就盡量克服。但是要花時間找出樂趣，讓自己可以持續下去。
選股	選擇自己能夠充分理解、發揮自身強項的股票，不要買自己不能理解的股票。但是，必須持續努力擴大自己的理解範圍，不懈怠。
股價趨勢	為了避開自己的弱點，先考慮清楚自己要針對哪一個股價趨勢設定投資方法。
感情	透過設下買賣原則，將情緒跟實際行動切分開來。但是，記得過度單純的買賣原則也可能產生弊害。

下跌市場的應對方法，尤其需要注意景氣循環股

二〇一八年二月上旬開始，全世界的股票同時下跌——美國股市暴跌，道瓊工業平均指數創下有史以來最大跌幅的歷史記錄。美國股市的動向瞬間波及全球，各國股市跟著重挫，多數讀者可能也都做好了「股市真的要開始暴跌了嗎」的心理準備。對個人投資者來說，**「如何度過景氣低迷的時期」比起「股價上漲時如何獲利」要來得重要許多**。為了避免在暴跌趨勢的市場裡失去一切，接下來我會說明如何應對。

首先，請各位看一下圖4-7，這是泡沫時代開始的一九八六年到二〇一八年八月底日經平均指數的走勢圖。二〇一八年二月上旬的這波跌幅，過去也曾經發生過好幾次類似的狀況，但今天我甚至想不太起來那些時候到底是為什麼造成股價下

圖 4-7

大暴跌時期的股價砍半狀況

日經平均指數的長期趨勢圖

—12個月的移動平均線　—24個月的移動平均線

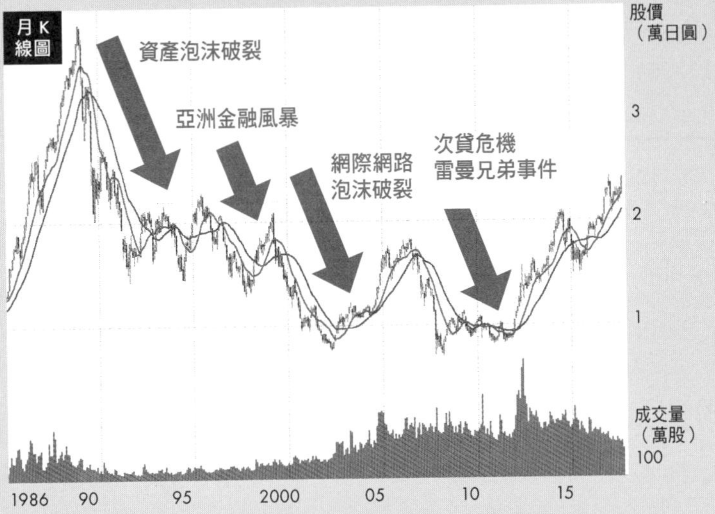

跌了。另一方面，若股市是因為「網際網路泡沫破裂」或「雷曼兄弟事件」這類型可以傳到後世的因素而發生暴跌，日經平均指數都會跌落一半以上。

另外，我也留意到**當市場處於下跌趨勢時，並不會只是單純地持續下跌**。股價暴跌之後會有一段時間看似止跌回升，大概會持續數週到數個月。個人投資者希望股價能繼續上漲，殘酷的是另一波的股價暴跌又再次襲擊股市，這種狀況重覆兩、三次之後，大部分的個人投資者很可能無法繼續承受這種精神壓力。於是在推特之類的社群網站上，開始湧現各種相當悲慘的留言，例如「我睡不著」或「堅持不下去了」等。

說到這裡，可能大家都會有一個問題：「當股價還在天花板附近的時候，為什麼不賣掉股票？」用局外人的眼光冷靜地綜觀全局，你可能會這麼建議：「如果你在之前股市上漲時已經賺了不少，市場下跌時就不用跟著攪和了。在損失不大的時機點停止投資，不是很好嗎？」

無法抽身是一種成癮症嗎？

關於無法抽身的原因，我想過好幾個，然而我懷疑最大的原因是一種心理上的成癮症。圖4-8是美國精神醫學學會針對賭博成癮所制訂的診斷基準。在十個項目之中，只要符合其中的五個項目，就會被診斷為賭博成癮。把「賭博」替換成「投資股票」再來閱讀這張表，會發生什麼事呢？或許你會希望「我沒有投資上癮」，但是請把手放在胸口上冷靜地跟著這張表進行自我評量，我想符合五個項目以上的人應該不少，不是嗎？

股票投資如果順利，獲取的利益跟你去賭馬或打柏青哥完全無法比擬。對普通的上班族來說，投資股票可以不斷獲取自己從來沒有取得過的大量金錢，這種經驗會使大腦大量分泌讓人感到快樂的多巴胺，甚至到了成癮也不奇怪的地步。

在這十個項目裡面，特別容易出問題的是第三和第六這兩個項目。他即使想抽身也無法踩下剎車，**儘管市場反覆上下波動，明顯處於相當危險的狀況，但為了**

彌補損失，他甚至會進行高風險的操作，例如信用交易、投機股的買賣等。**混亂市場的特徵，就是不只跌幅大，短時間的漲幅也不可小覷，因此會讓人誤以為可以靠迅速操作來彌補損失**，這種想法讓他們最終無法做出從市場撤退的決定。

順帶一提，我在過去也曾經歷過好幾次因為「太過擔心而睡不著覺」的狀況。我認為那時候的我，已經完全符合除了八和十以外的所有項目。沒有錯，那時候的我已經對股票成癮了，這就是為什麼我可以在這裡跟各位談這件事。

「當我發現自己處在一個洞穴之中時，最重要的事情就是停止挖掘。」這是美國股神巴菲特的經典名言之一。如果你發現自己患上成癮症而且無法自拔時，希望各位可以想起這句話。不要讓「取回損失」這個想法繼續擴大，先中斷挖掘吧。然後你必須停下來，冷靜地再次審視自己的狀況。

人生的長路漫漫，今後你還有很多機會可以取回你的損失。在勝率高的時候，找出對自己來說最棒的股票，做足準備再打一場最有信心的仗，這就是投資成長股的醍醐味。**為了起死回生，不惜在困局中冒著巨大風險決一勝負，這不但不是**

圖 4-8

check!

賭博成癮的診斷基準

☑ ❶ 腦中經常充斥著賭博。

☑ ❷ 為了過癮賭注愈下愈大。

☑ ❸ 屢次想戒賭卻都無法成功。

☑ ❹ 不賭博的時候會渾身不自在、無法冷靜下來。

☑ ❺ 情緒低落或遭遇問題是就想藉賭博來逃避。

☑ ❻ 一輸錢就想靠賭博贏回來。

☑ ❼ 為了隱瞞自己的賭癮，不惜欺騙家人、醫生和身邊的其他人。

☑ ❽ 為了籌措賭博用的金錢，曾經涉及偽造文書、詐欺、竊盜、侵占或竊盜等非法行為。

☑ ❾ 為了賭博而損及自己的人際關係、甚至失業或失學。

☑ ❿ 要別人幫忙揹自己賭博欠下來的債務。

醍醐味，也並非成功的秘訣。

「我有股票投資成癮症。」當我自覺到這一點，我立刻到銀行把股票帳戶裡的大半資金提領出來，然後走向銀行窗口，把所有的錢拿去購買安定型投資信託。我刻意製造一種情境，讓我無法簡單地拿資金購買股票。儘管如此，我仍然留下了一成左右的資金在股票帳戶裡。因為我知道我沒有辦法完全戒掉股票投資。

用於購買股票的資金突然減少到原來資金的一成，剛開始讓我非常不滿，因為買起股票來不夠過癮。然而當我慢慢習慣之後，我發現儘管資金只有原來的一成，虧損的時候還是會不爽，獲利也一樣能得到優越感。就這樣，我沒有完全退出股票市場，用少量的資金一邊看狀況一邊持續投資，在這其中也得到一些新的見識。我希望這些經驗能夠對在股海當中的讀者們有所助益。

留意景氣循環股

不過，業餘的個人投資者因為投資股票而失去一切，並非只有成癮這個原因。

雖然你想要冷靜下來做判斷，仍然可能犯下大錯。例如，當股市處於景氣衰退後的全面下跌局面，至今為止你學到的所有投資理論會變得完全無法通用。景氣向上和景氣下滑，是完全不同的兩種風景。特別是景氣到達顛峰時，公司業績容易受到景氣大幅影響的景氣循環股（對景氣敏感），這類股票的本益比會暫時掉到非常低的倍數。有些人一看到這個看似「跳樓大拍賣」的現象就想要豪賭一把，然而這正是股市的一個巨大陷阱。**容易受到景氣影響的企業在業績迅速惡化時，本益比反而會急速上升**。

為什麼會發生這樣的現象呢？假設有一支景氣循環股，在景氣到達頂點時的每股盈餘高達兩百日圓，景氣低迷時則會掉到虧損五十日圓左右的狀況。如圖4-9一般，這支股票長期下來的每股盈餘，會是「兩百減五十除以二」，也就是七十五日圓，它**長期的一般股價需根據這個平均值計算出來方為合理**。假如本益比的一般水準在十二～十五倍左右，長期來看一般股價大約在九〇〇～一一二五日圓之間。

然而，實際的股價很難控制在這個範圍。在景氣高峰期，因為每股盈餘來到兩百日圓，若本益比用十二～十五倍來計算，股價恐怕會上升到二四〇〇～三〇〇〇日圓左右。但是只要高峰期一過，熟悉長期股價範圍的投資人一定會賣出股票，使得股價開始下跌。當股價下跌至二〇〇〇日圓左右時，若以每股盈餘兩百日圓來計算，可算出本益比僅為十倍。看似非常便宜，但即使是這個數字，仍然高出長期一般股價的兩倍以上，因此股價會持續下跌。如果你只看當前的本益比就大舉投入資金，將會落入傷口惡化的結局。

當我感覺到景氣有過熱的傾向，股價也看似泡沫化的時候，就會盡快退出戰場。特別是當你用相當高的金額集中購買市值偏低的小型股票之後，股價一旦開始下跌，這支股票就沒有市場了。因此，**一發現股市有過熱的傾向，最好在股市仍在買進股票的時機點盡快賣出**，脫手之後就不要繼續關注股價了。這就是「別拘泥於一定要買在最低點、賣在最高點」的道理。

這邊提過的「賣出成長股的三個條件」也一樣，在景氣轉換時，很多公司都會

圖 4-9

景氣循環股的一般股價
用每股盈餘（EPS）的平均值來算較合理

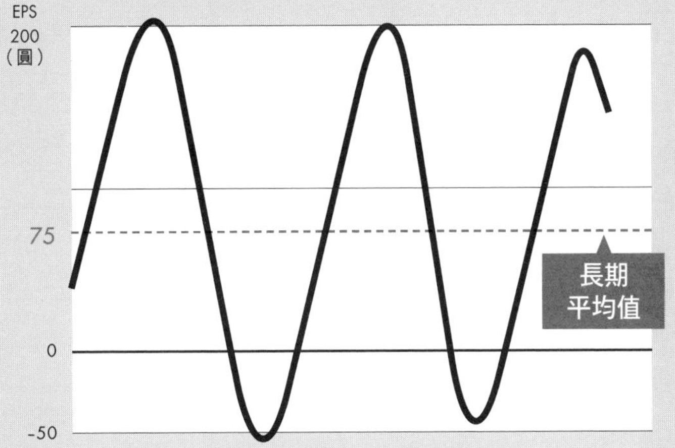

暫時停止成長，股價多半偏高，滿足了以下兩個條件：❶股價跟企業本身的價值相比已經過高、❷停止成長。

當然，景氣低迷也有可能只是一時的現象，存在立刻反彈的可能性，所以很難做出判斷。所以我盡量不買景氣循環股，盡量投資不太受到景氣影響的防禦型類股，或即使投資景氣循環股，也盡量選擇不太容易受到景氣影響、商業模式建構為持續購買為主的企業。但是，我相信當你發現有一支股票同時具有景氣循環股和成長股的特性，你一樣會購入這支股票，但是在這個狀況下請不要太貪心，盡快離開戰場以避免受到太大的損傷。

POINT 4 應對下跌市場從戒除股票成癮開始

PART
1
懂優勢

PART
2
懂趨勢

PART
3
懂原理

PART
4
懂弱點

PART
5
懂情報

專欄
04

靠「儲蓄大作戰」來創造本金

之前我在圖4-2介紹了「年收入八百萬的兩人若實行『年收入僅三百萬也能存下一百萬的方法』，就能存下六百萬」的理財法則。在這邊我想再次說明這個存錢法的重點。

沉迷於股市賭博、幾乎花光存款的我，藉由結婚這個機會開始努力存錢。妻子為我設下一個目標：「首先，一起存下第一個一千萬吧。」收入扣除支出之後剩下的金額，就能化為儲蓄。用算式來表達，即為「收入－支出＝儲蓄」。想要增加儲蓄，唯有開源、節流這兩個方法，這是很簡單的硬道理。然而，當很多企業都打破了以資歷為基準的薪酬制度，如果你只是當一個認真的上班族，實在難以增加你的年收入；也就是說，開源相當困難。因此，我和妻子的目標是靠節流來存下一千萬，關鍵就是務必貫徹超省錢生活。

①節儉沒有捷徑，切實做到前人教誨

我似乎有聽到一些人問我：「如何才能達到節省支出的目的？」

但我認為只要查詢網路或看書，就可以快速找到如何省錢的手段和方法。例如，盡量在店鋪打烊前折扣較多的時候購買食品；比較廣告傳單，去更便宜的店買東西，即使只便宜一塊；前往購買每人限購一份的大特價商品時，連嬰兒都抱去。事實上有各式各樣的方法，去實踐這些省錢方法就可以了。只要你能做到這些，就能確實存下資金，你所需要的只是「一定要做到」的幹勁。

訂定目標並設定好預算，然後定期管理你的進度。

「那個東西真的有必要買嗎？」

「如果有必要，價格跟市場比較是否偏高？」

「沒有其他能夠以更便宜的價格購入的方法了嗎？」

就像上班時管理自己的工作，只要用同樣的方式管理家計，無論是誰都能從明天開始存錢。

❷就像在享受遊戲一樣

當時我的目標是一千萬，最終只花三年多一點的時間就存到目標金額的兩倍，也就是兩千萬，我跟妻子都對這個結果感到非常驚訝。我們通常只管理支出，大概幾個月才會瀏覽一次總帳。每次發現存款餘額增加好幾百萬元時，我們都會很感動，然後更努力省錢。

說到這裡，有些人可能會認為我們過著節衣縮食的極端節儉生活，事實上並非如此，當時我們把超省錢生活當成一個有趣的遊戲來努力達成。只要努力就可以確實存錢，所以我覺得自己就像是在玩遊戲一樣，為了達成存錢的目的而實踐超省錢生活。

趁商店快打烊的時候，購入半價的吐司和價格等於買一送一的肉丸；只花一百日圓裝滿一杯鱸魚；高麗菜和豆芽菜在特價又半價的時候，就算你裝滿一整袋，價格也不會超過一千日圓。「原來只要盡量節約，就可以把食品的開銷壓低到這個地步……」我的每一天都充滿了驚奇和感動。

③ 把省錢視作一件很酷的事

我曾經在員工食堂裡開心享用一種叫做「一茶一飯佐秋刀魚」的午間特餐，雖然因此被同事和年輕後輩揶揄，我當然毫不在意。不過，倒是有一位資深的前輩誇獎我：「小子，你就像沙丁魚乾的土光先生一樣呢。」

沙丁魚乾的土光先生是何許人也？他曾任石川島播磨重工業（現為ＩＨＩ株式會社）和東京芝浦電器（現為東芝）等公司社長，以徹底合理化的方式重建兩家公司，其後更進入中曾根康弘內閣指揮行政改革工作。他是土光敏夫先生。

沙丁魚乾的土光先生以粗茶淡飯的簡樸生活聞名，因為他逝世已久，我沒有很熟悉他的事蹟，但因為承蒙資深前輩的稱讚，我也因此開始思考「質樸的生活好像反而是一件很酷的事」。酷或不酷的判斷基準，其實是因人而異，只要我自己高興就好了。

④可以存錢的時候就盡量存

現在回想起來，從婚後到孩子出生之間的這三年時間，對我來說是最適合存錢的時機。夫婦兩人努力工作賺錢，除了生活所需的費用以外，幾乎沒有其他必要花費。如果你想要在人生中找個時間大量儲蓄，我認為婚後到孩子小學低年級這段時間是最好的時間點。

孩子只要一過小學低年級，就必須花更多的教育費，你也會開始打算購買自家住宅。人的社會地位愈高，就愈不好意思過超省錢的生活，同時一旦為人父母，也不希望孩子因為父母省錢而感到羞恥，偶爾為了面子也需要一些額外花費。

當時我被公司派任到地方出勤，我開心地從該職位的前任員工那裡接收了一台車齡十五年以上的二手車，從此把這台車當作自己的代步工具。然而，當女兒升上小學一年級之後，有一天她說：「這台車好破爛。」因此我再次審視了自己的生活方式。當我看到女兒在我新買的車前流露出非常開心的神情時，我便下定決心「不再過極端省錢的生活了」。

圖 4-10

一年投資一百萬、年化報酬率20%的獲利狀況

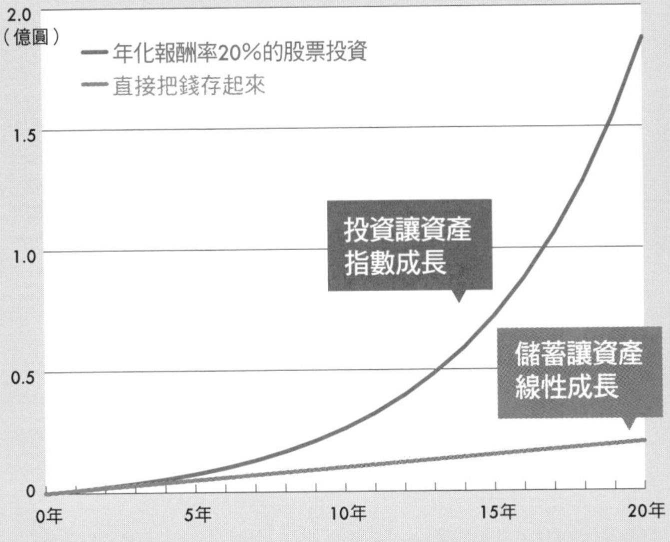

假設每年存下一百萬，二十年可以存下兩千萬。另一方面，如果把這一百萬拿來投資股票，運用這筆錢取得20%的年化報酬率，二十年後就能創造將近兩億圓以上的資產。我們雖然難以只靠儲蓄存下一億圓資產，透過投資股票，億圓資產將不再是夢想。

5 一億圓很難靠省錢來達成。積極增加投資，成為真正的有錢人

隨著女兒的成長，我慢慢降低自己省錢的程度。不過，雖然我現在希望可以過著一般人的生活，但還是沒辦法擺脫超級省錢的本性，我繼續在生活的各個面向都維持著節儉習慣。

只是根據我自己的經驗，我可以清楚地告訴各位讀者，一億圓很難靠省錢來達成。或許並非不可能，但你很可能會把整個人生奉獻在省錢上。

所以假如你已經存下一定程度的資產，就把一部分拿來投資吧。省錢只能讓資產呈線性成長，如果你把資金拿出來投資，就可以讓你的資產指數成長。錢滾錢力量大，透過投資，你的財富也能像滾雪球一般，愈滾愈大（圖4-10）。把省下來的錢拿去投資，當你靠這筆資金滾出好幾倍的利潤時，你省錢時所做的努力也就有了回報。這麼一來，即使你稍微奢侈一點，資產也不會減少，這是因為你讓「收入－支出＝儲蓄」這個公式中的收入增加了。

PART
1
懂優勢

PART
2
懂趨勢

PART
3
懂原理

PART
4
懂弱點

PART
5
懂情報

PART

5

懂情報

正確掌握企業概況的五個重點

在這一節裡，我會針對「連起來分析法」的最後一個主題「懂情報：取得業內情報」進行說明。我在第三章「懂原理」曾經說明，當我們要開始實踐投資的原理原則之前必須要有根據，也就是說，獲取業內情報會成為最重要的工作。

在一開始，我想先從縱觀企業的方式開始講起。在部落格讀者各式各樣的意見當中，經常有人向我詢問投資股票相關的煩惱。特別是我發現很多看似初學者的讀者，並沒有掌握「企業大致如何運作」這個基本概念，並且對自己投資的企業有所誤解。

例如，索尼公司過去是家電製造商，形象相當鮮明，至今仍然有很多人對索尼有這樣的印象。然而，從業務構成的比例和貢獻的利益來看，索尼現在最主要的

「連起來分析法」的五個投資技巧

懂優勢

➡了解屬於自己的獨特優勢

懂趨勢

➡了解複雜的股價趨勢

懂原理

➡了解決定股價的原理原則

懂弱點

➡意識到只要是個人投資者、只要是人都有的弱點

懂情報

➡閱讀決算書表和公司資料，務必取得並掌握情報

事業內容應該是遊戲、音樂等娛樂事業，以及財產保險等金融事業。如此這般，為了防止對企業的誤解，培養俯瞰企業整體狀況的能力有其必要。

索尼的例子告訴我們，這類型的企業之所以容易被一般人誤解，是因為人們對企業的印象，容易被比較鮮明的特徵拉著走，例如：品牌、宣傳廣告、實體店鋪內部裝潢以及商品包裝等。由此產生的誤解會反映在企業的股價上，使得這類公司會有一種傾向，即公司本身的價值和股價之間容易產生落差。如果你想靠投資股票賺錢，就**不能被企業表面的形象拉著走，必須培養能夠全面性地掌握企業整體狀況的能力**。

這邊我要請各位參考圖5-1，圖上有一棵「梨子樹」矗立在正中央，我的部落格名稱裡面也有梨子樹這三個字。我之所以提到梨子樹，是因為我認為用一般人較為熟悉的事物來說明看似複雜難解的企業，能幫助各位讀者更容易理解我要說明的內容。

過去，小梨子樹的苗木在嚴峻的自然環境中成長，現在長成了大樹，孕育了許

圖 5-1

「梨子樹」：
圖解俯瞰企業概況的五個重點
外部要因
（整體市場）
商品・服務
（獲利能力、競爭）
經營者
內部要因
（成長性、健全度）
外部要因
（業種、業態）

多果實。這象徵了一家公司從小規模的新創企業，成長為大型企業開枝散葉的意象。在嚴峻的事業環境當中生存、在與同業的競爭當中勝出，並得以持續擴大規模，最後終於在股票市場上市，向全世界廣泛提供多樣的商品以及服務。我們可以基於此來想像一家公司的成長過程，同時我在途中也放入了學習分析企業所必須注意的五個重點，接下來我會為各位依序說明。

重點❶成長性 重點❷健全度

首先，請先把焦點放在樹幹的部分。這邊的文字框提到的重點是：內部要因（成長性、健全度）。

如果有一個果農跟你說：「我想賣掉這棵梨樹。」各位讀者聽到後，你第一個在乎的是什麼？我想恐怕是**「這棵梨樹還在成長期嗎？」**、**「健康狀態維持得如何？」**這兩點吧！股票投資人的想法也是八九不離十。我在投資之前第一個確認的，就是企業的成長性和健全度。

然而，要確認企業的成長性和健全度，一定需要具備幾項技能。這個部份我也以梨子樹為例來說明。要了解梨樹成長的狀況，不能只觀察樹的外觀。你必須在每年的同一個時期測量樹圍，才能得知每一年的成長差距。

回到企業也一樣，如果**要了解一家公司的成長狀況，就必須一一找出它過去的決算資料、營業額和利潤等業績資料，調查並比對這家公司每年的各項業績變化**。我自己的作法是，先調查東洋經濟新報社《公司四季報》過去三期的實際業績，以及今後兩期左右的預想數字。如果有感興趣的公司，我就會到該公司的官方網站下載財報和相關說明資料，同時找出過去的資料，進行詳細的比對分析。

另一方面，若要確認一家企業是否健全，你沒有一點專門的財務會計知識是做不到的。就像你要確認一棵梨樹是否健康，你也需要學會樹醫的專業技能，兩者是一樣的道理。這個部份我會先**從公司四季報的權益比率、現金流量表的內容、現金等價物和利息債務的差距等資料開始確認。負債少、具備穩定的現金收入，具備這兩項就能判斷為「健全」**。如果你讀到這邊還不知道我在說什麼，我建議各位先慢慢開始學習跟財務分析相關的知識。

重點3 企業的商品・服務

接下來讓我們把目光移到樹上的果實，這邊的文字框裡寫著「商品・服務（獲利能力、競爭）」等文字。不管你的梨樹多麼健康地持續成長，只要它長出來的梨子不好吃，就不會有人想要「買這棵樹」。為了確認梨子的形狀長得漂不漂亮、味道好不好吃，你必須親自把梨子拿來品嘗看看。企業也是一樣，**你必須實際去使用這家公司的商品和服務，實際體驗看看用起來的感覺如何。**

還有一件事也很重要，那就是**實際去調查你平常習慣購買的商品或慣用服務的公司股票**。不知不覺間愛上一項商品（或服務）並持續愛用，這除了「梨子很好吃」以外沒有別的解釋。各位可以去查查看生活周遭人們慣於消費的企業過去十年的股價走勢，例如：美國的亞馬遜公司、日本麥當勞、或百元商店Seria等。你會發現這些企業的股價飆升程度，到了會讓你看得頭昏腦脹的地步。

不過，其實還有很多人們不熟悉、股價卻飆升至今的公司。這個部份雖然稍微進入了比較專業的領域，但是我可以告訴大家一個不需要實際體驗商品和服務、也能想像「這個梨子可能會很好吃」的方法——就是去查這家公司賺多少錢。也就是說，**去確認這家公司的獲利能力**。

要確認獲益能力，你必須先查出股東權益報酬率和資產報酬率這兩項財務指標。股東權益報酬率＝稅後盈餘÷股東權益。資產報酬率＝稅後盈餘÷總資產。**如果這幾個指標數字跟同業內的其他公司相比較高，我們可以判斷這家公司的商品和服務，很可能因為某些理由而有較高的競爭力。**

重點④企業的外部要因

第四個重點談到外部要因，這裡大致分為兩個部分。梨樹經常在天氣變化劇烈的環境中生長，在「風力弱、土地肥沃」和「風力強、土地貧瘠」這兩種不同的環境中，生長的狀況將會有所不同。例如，好不容易結成的果實被風吹落的機率，一定是前者較低。

對企業來說，景氣、匯率、政治動向和國際情勢，就像經常變化的氣象，特別是景氣和匯率的波動會大幅影響企業的業績狀況。股市新聞每天都會在一開始報導當天的日經平均指數，以及東證股價指數等具代表性的股價指數的變動狀況，並解說匯率造成的影響。這些因素固然相當重要，但是對長期投資股票來說，更重要的是這支股票在什麼樣的土地上受到栽培。

對企業來說，在哪一個業界、業態紮根，就像梨樹的土地一樣，確實判別出土地的特性有其必要。圖5-2是Seria和日經平均指數的股價走勢比較，從這張圖我們可以看出，只要能在適當的業界紮根，不斷提供美味的梨子，就幾乎不太會受到市場整體趨勢（顯現於日經平均指數或東證股價指數）的影響，股價呈現長期持續上漲的趨勢。

我們無法預測景氣和匯率會如何變動，這些是在機構內投資的那些專家擅長的領域。因此個人投資者最重要的是把目光放在土地上，不要只專注在變化多端的

圖 5-2

Seria和日經平均指數的股價走勢比較圖

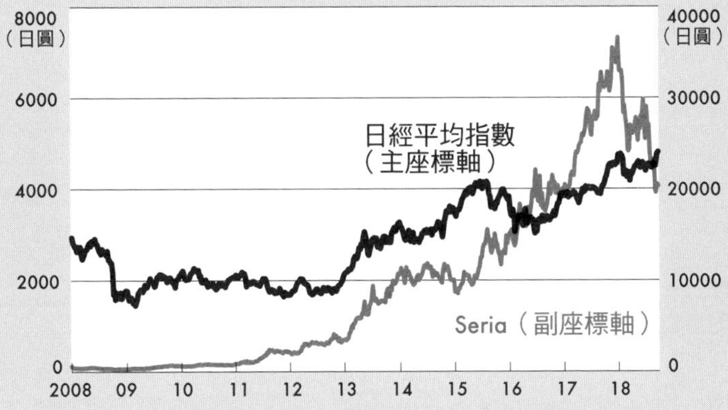

天氣上，並因此忽喜忽憂。

重點5 企業經營者

第五個、也是最後一個重點，我想要談一下企業經營者。栽培梨樹的人手腕高明與否，會決定梨子的味道。同樣的，成長企業的背後，一定存在著一個優秀的經營者。

不過，就我的經驗來說，要看出經營者有多厲害並不是一件簡單的事。「Hifumi投信」基金管理人、Rheos Capital Works基金管理公司的社長藤野英人社長，他在《找這樣的公司就對了》一書中提到這個主張：「不要被創業者的魅力給騙了。」我認為確實如此。

社長不管是創業起家或受雇，只要是上市企業的經營者，全都是魅力四射的人物。在這些經營者當中，你很難分辨出誰才是特別有實力的人。不過，即使你沒有實際跟經營者見過面，只要你一直關注公司的事業計畫和事業本身，靠自己也能領悟到經營者的想法。

總而言之，即使你沒見過栽培梨子的人，只要確認過防風林跟土壤、實際吃過梨子，你也能知道經營者是否傑出。

POINT 1

掌握企業概況是成功的第一步

取得企業成長潛力情報的三個進程

透過「梨樹模型」向各位讀者說明掌握企業概觀的重要性之後，下一步就必須**取得企業成長性的相關情報**。也就是說，我要向各位解說取得企業內部情報的三個進程。

①蒐集、確認企業情報

當你透過電視節目「街角Watching」的商家介紹、每天的新聞、《日經公司情報》或《公司四季報》裡面，找到有潛力成為成長股的公司，接下來第一件事就是**到那家公司的官方網站看看**。在官方網站裡，可以瀏覽商品情報、經營者的想法、商業模式以及最近幾年的業績走向等情報。如果這家公司的事業範圍跟你的本業相近，這家公司的未來動向你應該都能理解，甚至挖掘到業界秘辛。這就是你的優勢。

但是，即使這家公司的業種不是你熟悉的領域，你也可能找到有前景的股票。只是在這個狀況下，官網的情報對你來說還不夠完整，你必須實際把商品拿在手上、試用這家公司的服務、在網路上大幅收集相關業界的情報，甚至**必須取得業界內部的情報**。

投資股票這項行為附帶著風險，其風險又分為兩大類。第一，「誰都不能預期」此一特性，就是實實在在的風險。再來，你因為無知而採用的情報，導致發生無意義的風險。為了**盡量縮小無知而造成的第二種風險**，我們有必要做出相應的努力。就結果來說，由於你能夠透過這項努力增廣見聞，擅長的領域也將會愈來愈多。

我一直以來都從事跟餐飲業完全無關的工作，但是看了彼得·林區的書之後，我發現到外食產業的潛力，所以集中調查了外食產業。我把所有公司的官方網站統統調查了一遍，一旦發現有興趣的公司，我就會趁午餐時間直接到實體店鋪吃吃看、親自確認看看。結果，我雖然因為一直吃連鎖餐廳那些肥滋滋的食物而變胖，但是外食產業成為我擅長的領域。

②分析財務報表中的業績趨勢

蒐集情報和實地調查之後應該採取的行動，就是試著**分析該公司的長期業績趨勢**。開始分析之前，你必須先到官方網站下載過去幾季的財務報表（五到十季的份量；上市之後還不到五季的新興企業，則必須下載所有季度的資料），然後將損益表上面的數字確實輸入到計算用的軟體當中。

在財務三表當中，為什麼我們要分析損益表，而非資產負債表或現金流量表呢？**投資成長股最重要的就是觀察公司的業績成長**，因此我們必須將**分析的重點放在可以看出企業成長狀況的損益表上**。資產負債表和現金流量表，可以視為輔助資訊，用來評估這家公司未來是否有增資或倒閉的風險。

圖 5-3

確認每一季的個別動量

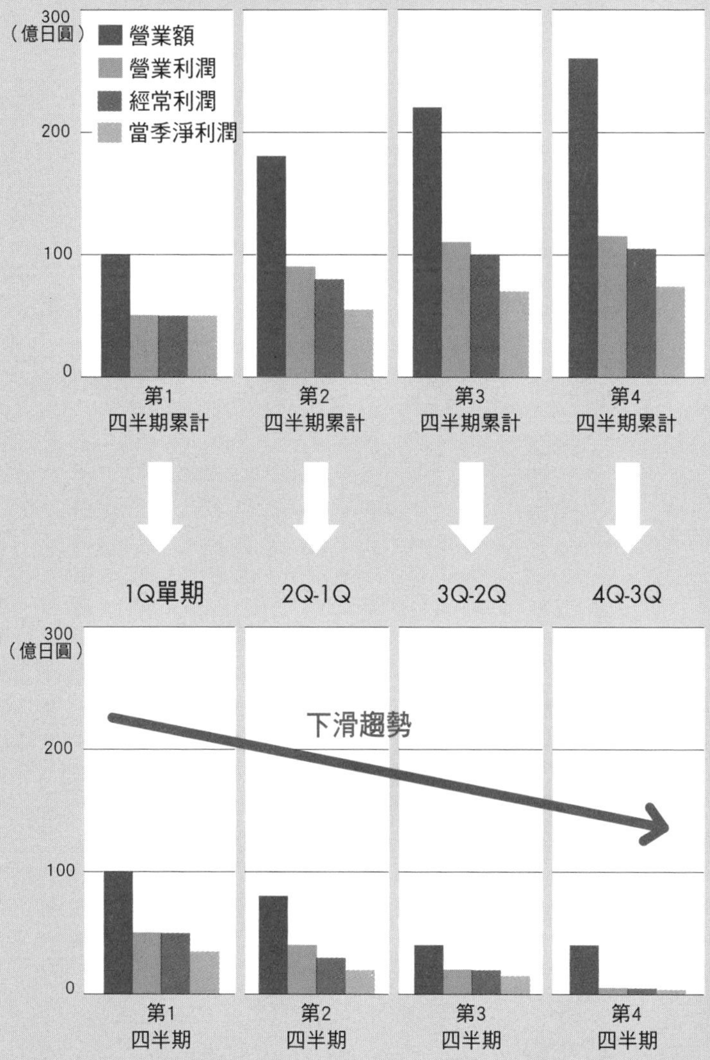

接下來我要先說明比較基本的知識。新聞或網路的媒體在做相關報導時，大部分都是直接將財報上的數字直接報導出來，例如類似這樣的內容：「Ａ公司這一季的營利刷新了史上最高。跟前期比較增長了四五％。」看了報導之後，如果你採取太過單純的行動，如「看來Ａ公司的股票有潛力，股價毫無疑問一定會上升，就買這支股票吧！」，你是無法精通股票的。

讓我來為各位具體說明其中的奧妙。財務報告第一頁記載的，是到當期為止所有累積下來的數值。如果是第二季的財報，就是第一季和第二季的累計數值；如果是第三季的話，依同樣的邏輯，就是第一、二、三季的累計數值。另外說到股價，假如是第三季的財務報表發佈的時間點，第二季之前的業績必然會完全反映在股價上，可是投資專家關心的重點，其實集中在第三季報表的一個單獨數字上，因此我們**必須從財報中將累計過後的數值和當季的單獨數值分別抽出**。

然後，你要做的就像是圖5-3這兩張圖所顯示，從最新數據當中扣除上一季之前的累計數字。使用計算軟體詳細輸入數據，就能確認毛利率和營業費用的走勢，

圖 5-4

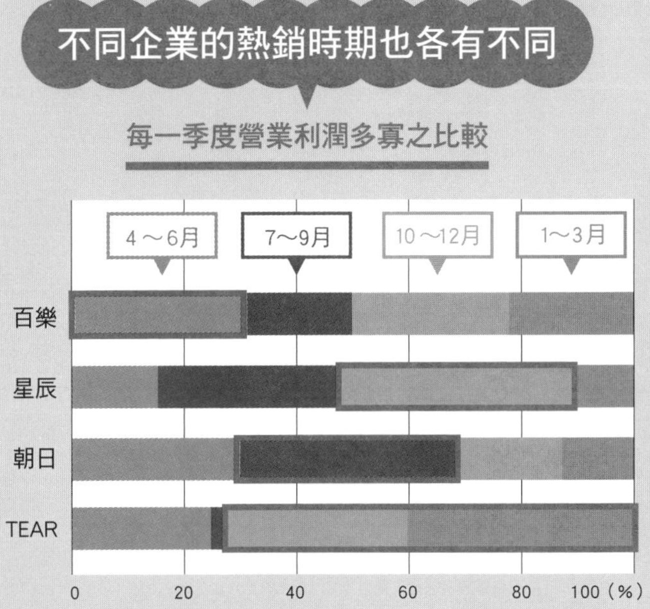
不同企業的熱銷時期也各有不同
每一季度營業利潤多寡之比較
4～6月
7～9月
10～12月
1～3月
百樂
星辰
朝日
TEAR
0
20
40
60
80
100（%）

圖 5-5

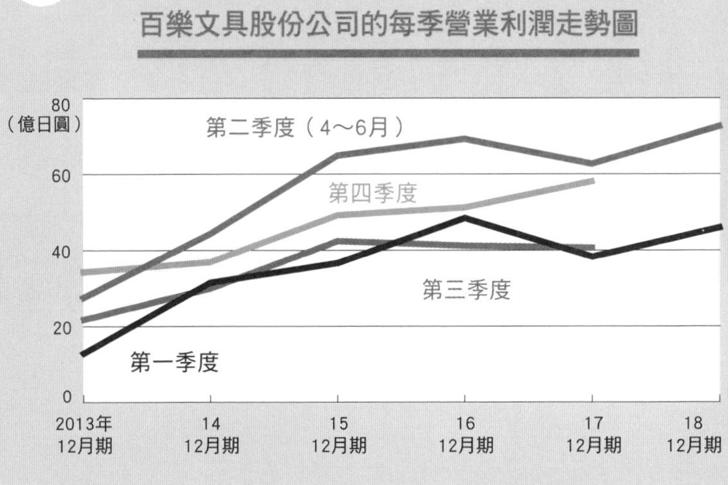
百樂文具股份公司的每季營業利潤走勢圖
80
（億日圓）
60
40
20
0
第二季度（4～6月）
第四季度
第三季度
第一季度
2013年
12月期
14
12月期
15
12月期
16
12月期
17
12月期
18
12月期

這能幫助你推敲影響該公司業績走向的因素。

假如全年度（第四季度）的總利潤為過去最高，相比去年增長了四五％，但是該年度從第一季開始，每一季的利潤都呈現下滑趨勢，那就代表這家公司的股票在財報公布之後，會立刻被大量拋售。

不過，**即使業態呈現下滑趨勢，公司的業績也不一定會惡化**，所以需要更謹慎判斷。例如因為推出擦擦筆而爆紅的百樂文具股份有限公司，這家公司多半在新學期開始的四～六月，會是業績表現優良的時期；之後受到新學期購買潮後座力影響，七～九月的營業利益通常會減少，但是我們不能單純因為這個現象，就判斷這是一個下滑的趨勢（圖5-5）。CITIZEN星辰公司由於其主力商品在聖誕節期間的銷售量最好，因此十～十二月的營業利潤也會連帶增加。啤酒的龍頭品牌ASAHI朝日啤酒，由於販賣的是啤酒或清涼飲品，所以盛夏的七～九月是朝日商品熱銷的季節。名古屋葬儀公司ＴＥＡＲ獲利的時期大致集中在下半年，這或許是因為冬天氣候寒冷，容易對人類身體產生較大影響的關係（圖5-4）。

這類型企業由**於熱銷期集中在特定的季節，因此只觀察過去一年內的財務趨勢，不足以判斷出這家公司的狀況**。你必須回溯到過去好幾年份的財報，反覆把每個季度的數據單獨抽取出來，再比較過去幾年每個季度的同期數值才能確認。

③ 考察企業成長的續航力

進行過上述的業績確認之後，假如我們確定過去三年這家公司的利潤持續擴大，就能做出「看來這家公司已經踏上了成長的軌道」的判斷。接下來對投資人來說最重要的一件事，就是**確認這家公司今後是否能延續它的成長動能**。這個時間點我們要考慮的重點有兩個；第一，如果這家公司維持這個趨勢繼續成長，它的**成長極限為何**？第二，這家公司**利潤成長的結構，是否已經內化到自己的商業模式**？

我以經營停車場事業的Paraca公司為例來進行說明，它主力經營的事業是投幣式停車場。只要是自駕者一定都感覺得到，過去投幣式停車場的設立數量嚴重不足，加上取締違法停車漸趨嚴格，很難找到停車位的地區其實並不少。只要這個狀況持續，Paraca就會持續成長；然而，漸漸地最近我發現「容易停車」的時候變多了。當日本全國各地的駕駛都感覺停車變得更加容易，我們就可以判斷經營投幣式停車場的企業，已經達到了它的成長極限（圖5-6、5-7）。

另外，關於商業模式的結構，必須呈現出能夠長期獲利的形式。有些土地擁有者不想建設，想靠投幣式停車場賺取每日收入，而Paraca的業務只要跟這些人成功交涉、得以開設一個投幣式停車場，這個停車場就能夠在未來幾年內為公司持續帶來利潤。公司的業務只要取得的新合約多於解約的數量，投幣式停車場的總數仍會增加，因此公司的營業額和利潤就不會產生銳減的狀況。

Paraca這家公司的成長狀況取決於每天的業務工作，這種商業型態和其他並非如此的公司相比，投資的難易度有天壤之別。例如，如果是賣車的話，不管你花多少力氣拓展業務，只要賣出車子，你就必須再找下一個需要買車的人。由於你並不是每一次都能很快找到買家，因此無法維持穩定的收入，而且汽車業也很容

PART 1 懂優勢
PART 2 懂趨勢
PART 3 懂原理
PART 4 懂弱點
PART 5 懂情報

圖 5-6

Paraca的營業額和經常利益的走勢圖

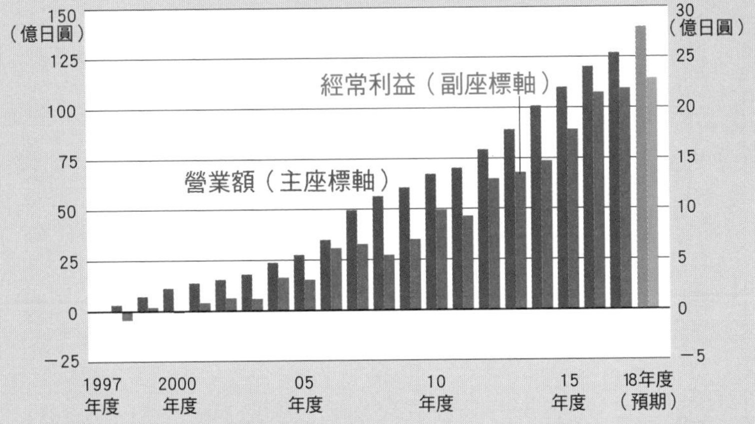

圖 5-7

Paraca的股價走勢圖

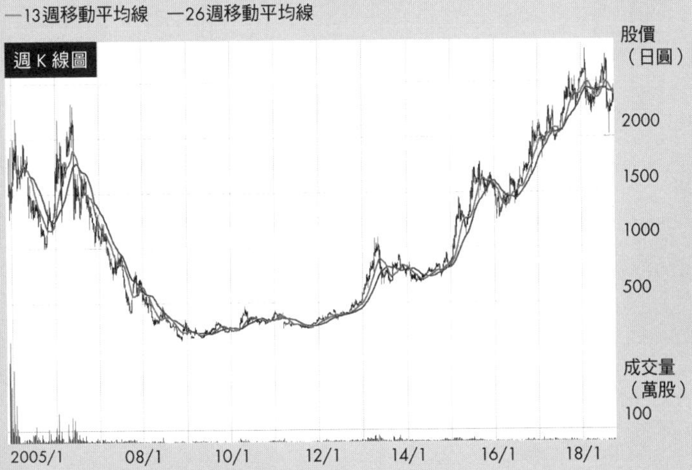

易受到景氣波動的影響。二〇〇八年，我在雷曼兄弟事件之後的景氣低潮期購入Paraca的股票，讓我得以大賺一筆。

這家公司是否還有足夠的成長空間，還是已經將近飽和了？成長的結構是不是已經內化為商業模式了，或者這家公司經常會面臨接下來如何繼續成長的課題？

從上述兩個觀點，合理地確認一家企業是否具有持續成長的動能是非常重要的。

POINT 2 確認企業的成長性，就靠實踐三個進程

PART
1
懂優勢

PART
2
懂趨勢

PART
3
懂原理

PART
4
懂弱點

PART
5
懂情報

上班族也可以扭轉人生，投資股票是你最有效的手段

在前面的篇幅裡，我從希望「投資初學者也可以靠自己選股不求人」的方向出發，把我自己構思的投資架構「連起來分析法」的五個技巧向各位讀者一一說明。只要學習並強化這些技巧，就能從初學者更上一層樓，不再被各種想法和情報要得團團轉。你可以站在確實理解「自己在做什麼」的起跑點，並以成為能夠把風險和報酬放在天平上衡量的中高級投資人為目標努力。

我自己本身因為主要投資低價的成長股，所以我透過自己投資價格相對較低的成長股的經驗來解說這五個投資技巧，但是這個投資架構我認為應該也能運用在短期投資和事件投資等其他的投資法上。＊如果善用其他投資方法的投資人也能活用這本書，那就太好了。

另外，我的「連起來分析法」不只代表著五個投資技巧，所謂「連起來」還有多層含意，最後請讓我向各位說明這一點。

❶把近在身邊的小事與股票連起來

首先我想再次強調，**投資標的和情報並非遠在天邊遙不可及的存在**，我在第一章「懂優勢」也已經詳細說明。這些個人經驗因為太過於近在咫尺，導致你從來不會把它跟投資股票連結起來，但它正潛藏著對你來說最有利、最能期待報酬的投資對象和情報。所以務必加長你的感知天線，敏感地察覺到周遭發生的變化。

當人類改變日常行為的時候，周遭一定潛藏著可能成為飆股的潛力候補。例如，當你受到周遭的影響，購買了蘋果公司推出的智慧型手機iPhone的時候，如果

＊譯注：事件投資：指利用股東優待的權利兌換日或公開收購等特定事件時發生的股價波動現象，提前買賣股票來獲利的一種投資法。

你也一起買下蘋果的股票，你的資產應該已經顯著增加了（圖5-8）。

從功能型手機轉向智慧型手機，是全世界共同體驗過的日常變化。然而，能夠把這個日常變化連結到股票投資的人，卻僅止於一小部分。所以你的目標應該是盡量學習，讓自己擁有足以成為那一小部分人的能力。留意周遭的變化，建立將變化與投資連結的思考迴路，這是第一步。

此外，把周遭變化與投資連結的頻率，一年內頂多兩、三次左右，這種機會不是你想著「今天要張大眼睛發現一堆周遭的變化！」，然後積極去找就能找到的。**當日常生活中發生了什麼讓你感動又驚訝，或是家人、朋友興奮地告訴你他們發現了什麼的時候，就是投資機會到來的時刻**。為了能確實抓住這樣的機會，你必須磨練自己覺察的能力。

②把五個技巧連起來

閱讀下面這五個投資行為，你有什麼想法？

圖 5-8

智慧型手機普及使蘋果公司的市值登上世界第一

蘋果公司的股價走勢圖

- **股價** 220.42美金
- **預期本益比** 18.9倍
- **實際股價淨值比** 5.89倍
- **預期股利殖利率** 1.22%
- **市值** 1兆646億美金

注：2018年9月26日當時數值

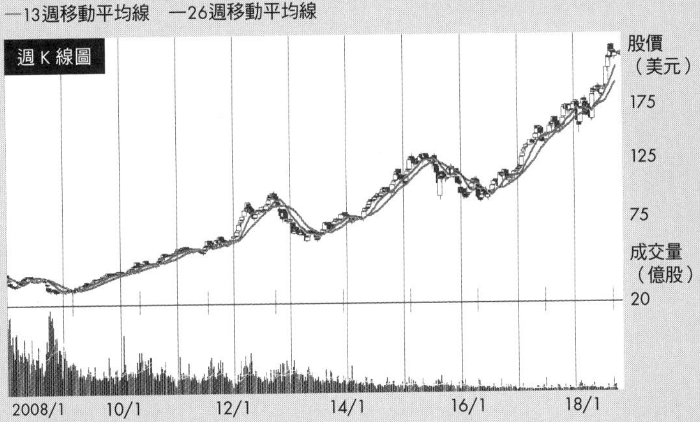

❶在興趣的世界裡發現有趣的變化，就買下相關的股票。
❷因為A公司未來三年應該可以順利成長，所以購入A公司的股票。
❸大規模的金融緩和政策使得市場供需狀況好轉，所以購買股票。
❹自己是上班族，所以實踐不需要一整天頻繁確認股價的長期投資方式。
❺詳細分析財務之後，判斷B公司的股價和本身的資產相比明顯偏低，因此買下B公司的股票。

這些看來正確的投資行為，其實都還未踏出初學者的階段。**光是把周遭變化和股票投資連結是不夠的**。如果已經有很多投資人注意到這個變化，股價明顯走高之後，中止這項投資是比較聰明的作法。另外，「這家公司會因為這次的變化大幅成長嗎？」、「單純因為是相關股票的關係，所以在短期內吸引了大量投資而已吧？」……你也必須具備這樣的自省能力。只是活用自己的優勢、抓住成長的趨勢是不足的，你還必須對照決定股價的原理原則，確實取得情報才行。

圖 5-9

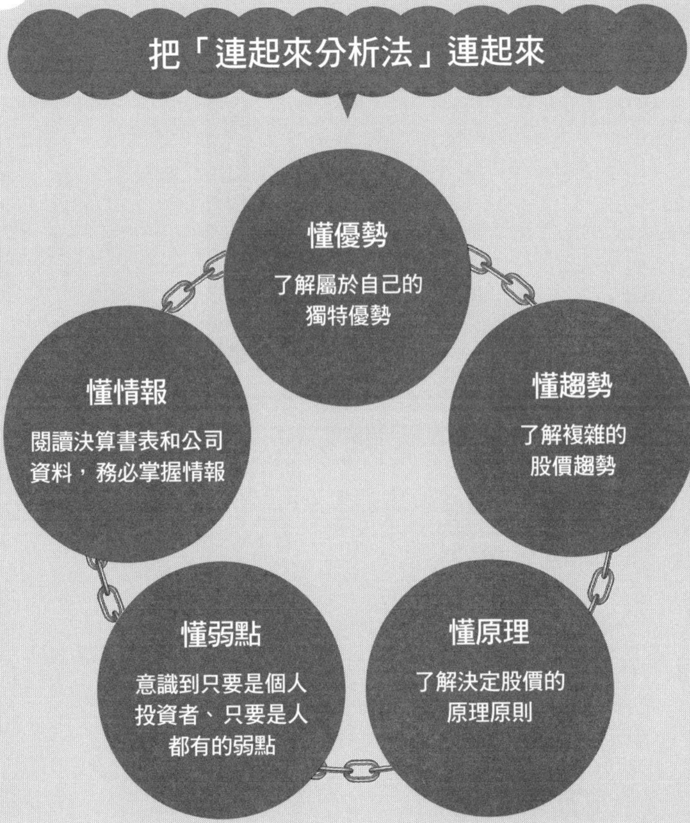
把「連起來分析法」連起來
懂優勢
了解屬於自己的
獨特優勢
懂趨勢
了解複雜的
股價趨勢
懂原理
了解決定股價的
原理原則
懂弱點
意識到只要是個人
投資者、只要是人
都有的弱點
懂情報
閱讀決算書表和公司
資料，務必掌握情報

也就是說，**不要把「連起來分析法」的五個技巧分開來執行，而必須將之視為一連串的程序來實行**（圖5-9）。當你要開始一項投資的時候，我希望你能活用這個分析法，把它當作一項協助你俯瞰整體狀況、冷靜分析的工具來使用。

③把投資和社會連起來

「三方好」是近江商人所提倡的經營理念之一：「賣方好、買方好、世間好。」這是來自近江商人的教誨，告訴我們為了長期經商建立信譽，不只要滿足買賣雙方，還必須回饋社會。

在股票投資的世界裡，無法讓買賣雙方都獲得滿足，因為在股市裡，只要有一方得利，一定會對另一方造成虧損。但是投資股票也能成立另一個三方好，那就是「投資人好、企業好、社會好」（圖5-10）。

在股票投資的世界裡，「只要自己能賺錢，其他都跟我無關」的想法十分猖獗，涉及詐欺的行為也相當橫行。在推特等社群網站的情報交流經常是漫不經心

圖 5-10

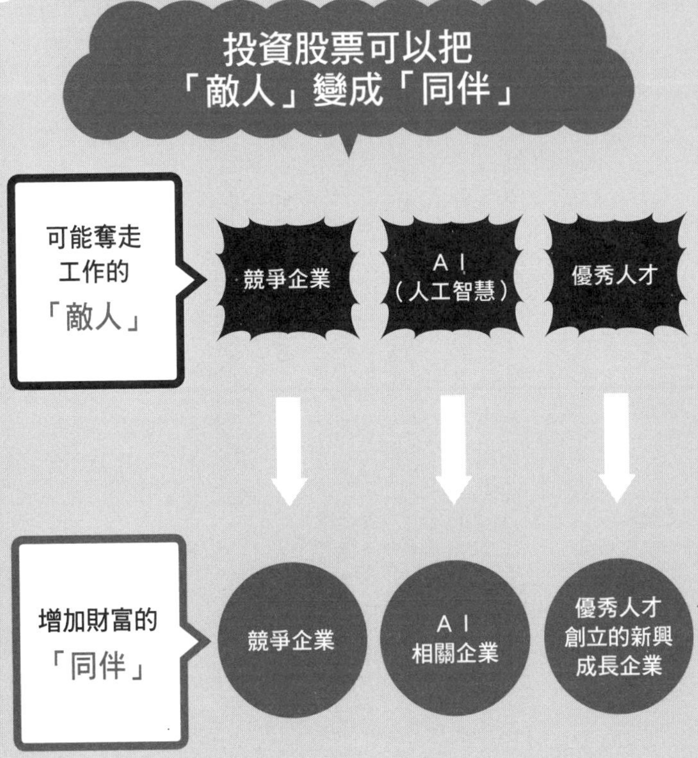

近江商人的「三方好」
賣家好、
買家好、
世間好

股票投資的「三方好」
投資人好、
企業好、
社會好

的，即使你並不是假消息欺騙的目標，你也可能因為不經意地隨意轉發訊息，成為欺騙者的幫兇。這是一個骯髒又危險的世界，很多人不碰股票的理由，不僅是因為進入股票的門檻較高，也因為他們在某方面認為投資者的內心醜惡，並對此感到嫌惡。

不過，我認為**用相對便宜的價格買下成長中的企業，這種投資低價成長股的方式，大致是一種符合「投資人好、企業好、社會好」這三方好的投資方法**。企業之所以成長，是因為社會對它具有極大需求，所以企業才能持續成長。你在此時投入貴重的資金，這項行為可以使企業價值提高，成為企業成長的助力，甚至能夠讓社會的需求在更快的時間內得到滿足。你所投資的「一票」，除了讓你切切實實地感覺到自己正在為社會發揮作用，同時也可以增加你的資產。

④把投資跟幸福連起來

時代正在劇烈變化，競爭漸趨嚴峻，你任職的公司業績未必能夠不斷蒸蒸日上。即使你的公司沒有被社會淘汰，你也可能會被ＡＩ（人工智慧）淘汰。年輕的優秀人才前仆後繼的加入公司，你失去立足之地的可能性愈來愈高。

在這樣的狀況下，如果我們站在投資的立場重新思考，就會發現把全部的身家賭在任職公司這項投資標的上其實相當危險。收入來源完全依賴你的薪資，這樣的投資組合實在太不平衡。你應該盡量增加其他的收入來源，而投資股票就是你最有勝算的選項。你的公司有強力的競爭對手？買下它的股票。ＡＩ相關企業可能搶走你的工作？買下它的股票。年輕優秀的人才創立的新興成長企業？買下它的股票。這麼一來，可能奪去你的工作的敵人，也會搖身一變，成為幫助你累積財富的同伴。

閉塞感源自於刻板印象。只要你能擺脫「投資股票是一場危險的豪賭」這個刻板印象，就會發現投資股票是能夠改變人生的少數選項之一。

去察覺生活周遭的變化，並與投資連結，實踐只有你才能辦到的獨特投資方式，把自己最重要的資金活用於社會，來打破這種閉塞感吧。如果你能以此為目標持續投資股票，我相信更幸福的人生正在等待著你。

POINT 3 用股票投資來打破閉塞的社畜人生

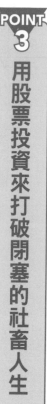

PART
1
懂優勢

PART
2
懂趨勢

PART
3
懂原理

PART
4
懂弱點

PART
5
懂情報

結語

我第一次買股票是在高中生時期。有一天，父親跟我說：「從你出生到現在，我斷斷續續從親戚那裡收到大概三十萬左右的祝賀禮金。在你成為大學生之前，我想把這筆錢交給你。另外，我以前投資的股票還剩下三十萬左右的零股，如果你想要的話也可以拿去。自己選擇你想要的吧。」

零股指的是交易股數未達最低交易單位，例如有一支個股以一百股為最低單位進行交易，而你只持有三十股。這可能是因為增資等原因，導致你手邊剛好持有這些零股。

毫無疑問，我馬上選擇了後者。我得到的是山一證券的股票，就是一九九七年被迫宣布解散的那個山一證券。我得到這支股票的時間點剛好是一九八〇年代後半，也因為剛好是即將進入泡沫經濟的時間點，證券股的股價普遍上升了不少。父親把股票轉讓給我的時候，山一證券的股價大約一千日圓左右，結果在兩年之間，不知不覺股價突然上升了三倍、來到三千日圓。對當時還是高中生的我來說，這件事改變了我的人生觀。

因為這個經驗，我填大學志願時填了經濟學院，在大學也加入了研究證券理論的研討會，研討會的教授就是已故的蠟山昌一老師。當時我們在研討會上建立並研究新的金融結構，例如現在已經廣為人知的期貨市場、新興市場或不動產投資信託（Real Estate Investment Trust，ＲＥＩＴ）等。

討厭念書的我，每天都在股市裡殺進殺出，幾乎翹掉所有大學課程，只有這個研討會讓我感覺自己學得很快樂，我完全不翹課，在課堂上從頭到尾認真學習著金融理論。因此我認為自己在大學畢業之後應該要進入金融業界工作，但是在我畢業前夕，泡沫經濟崩毀，金融業界的未來一片黑暗，所以我選擇到一般企業就職，股票就當成業餘的興趣，仍然謹慎地持續著。

結婚是我的人生開始產生變化的契機。「一起變有錢吧」，現在回想起來，那時候我們夫婦二人制定了一個註定失去生活品質的人生目標，決定無論如何都要朝著這個目標努力前進。為了存下投資經費，我們過著超級吝嗇的生活；為了運用這筆錢，我動用我擁有的一切知識和經驗開始投資股票。我開始把自己的投資經驗公開分享在我的部落格「奧山先生的梨子樹」，讀者從那時候開始慢慢累積，後來我在一個部落格入口網站的「人氣部落格排行榜」取得股票長期投資類別的最受歡迎第一名，隨後也開始接受雜誌的採訪。

只是我在部落格和雜誌採訪中，只能表達斷片式的重點，我認為在內容上欠缺了整體的一致性。就在我開始考慮「有機會我要把自己的投資法體系化集結成書」時，來自《日經MONEY》的採訪邀約翩然而至。對一介普通上班族的我來說，日經一直是我相當憧憬的品牌。

「如果可能的話，我希望可以讓《日經MONEY》的出版社日經BP，來出版我的書。」為了達成這個想法，我跟前來採訪的中野目純副總編輯談到我想出書的事。由於必須先與編輯部商量，無法馬上回答我，但是後續我得到了令我有點意外的答覆。「雖然無法馬上出書，但是您要不要先在《日經MONEY》連載文章？根據連載內容受歡迎的程度，有可能成為你出書的契機。」

因為這樣，開啟了我在《日經MONEY》的連載之路，後來很幸運地得到讀者對連載內容的好評，因此才能走到出版本書這一步。

回顧自己過去的人生，因為遇到許多人、得到他們的幫助，才會有現在的我。首先，我要對推薦我開始投資股票的雙親，以及和我一起走向這條人生道路的妻子和女兒致上感謝之意。然後是我的證券理論老師、已故的蠟山先生，為我製造出書契機、從連載時代就一直協助我書寫文章的中野目副總編輯，還有日經BP所有的工作人員，我打從心底向各位致謝。此外，我要感謝許許多多的讀者，在我還默默無名的時候就是部落格的忠實讀者，一直支持著我，真的非常感謝你們。最後，我要衷心地向彼得．林區先生獻上我所有的感謝，是他向業餘的我展示了一條股票的勝利之路，讓我有機會成為真正的百萬富翁。

二〇一八年十月　**奧山月仁**

國家圖書館出版品預行編目（CIP）資料

每個人都能透視飆股：用5大法則掌握飆股的長相，在大漲10倍前搶先進場/ 奧山月仁著；吳亭儀譯. -- 初版. -- 臺北市：商周出版：家庭傳媒城邦分公司發行, 2019.08
面； 公分
譯自："普通の人"だから勝てるエナフン流株式投資
ISBN 978-986-477-690-0(平裝)
1.股票投資 2.投資技術 3.投資分析
563.53 108010047

BW0717

每個人都能透視飆股

用 5 大法則掌握飆股的長相，在大漲 10 倍前搶先進場

原書名／"普通の人"だから勝てるエナフン流株式投資
作者／奧山月仁（Okuyama Tsukito）
譯者／吳亭儀
責任編輯／李皓歆
企劃選書／黃鈺雯
版權／黃淑敏、翁靜如
行銷業務／莊英傑、周佑潔

總編輯／陳美靜
總經理／彭之琬
事業群總經理／黃淑貞
發行人／何飛鵬
法律顧問／台英國際商務法律事務所 羅明通律師
出版／商周出版
臺北市 104 民生東路二段 141 號 9 樓
電話：(02) 2500-7008 傳真：(02) 2500-7759
E-mail: bwp.service @ cite.com.tw
發行／英屬蓋曼群島商家庭傳媒股份有限公司 城邦分公司
臺北市 104 民生東路二段 141 號 2 樓
讀者服務專線：0800-020-299 24 小時傳真服務：(02) 2517-0999
讀者服務信箱 E-mail: cs@cite.com.tw
劃撥帳號：19833503 戶名：英屬蓋曼群島商家庭傳媒股份有限公司城邦分公司
訂購服務／書虫股份有限公司客服專線：(02) 2500-7718；2500-7719
服務時間：週一至週五上午 09:30-12:00；下午 13:30-17:00
24 小時傳真專線：(02) 2500-1990；2500-1991
劃撥帳號：19863813 戶名：書虫股份有限公司
香港發行所／城邦（香港）出版集團有限公司
香港灣仔駱克道 193 號東超商業中心 1 樓
E-mail: hkcite@biznetvigator.com
電話：(852) 25086231 傳真：(852) 25789337
E-mail：hkcite@biznetvigator.com
馬新發行所／Cite (M) Sdn. Bhd.
41, Jalan Radin Anum, Bandar Baru Sri Petaling, 57000 Kuala Lumpur, Malaysia.
電話：(603) 9057-8822 傳真：(603) 9057-6622 E-mail: cite@cite.com.my

美術編輯／簡至成
封面設計／蔡南昇
製版印刷／鴻霖印刷傳媒有限公司
經銷商／聯合發行股份有限公司 電話：(02) 2917-8022 傳真：(02) 2911-0053
地址：新北市 231 新店區寶橋路 235 巷 6 弄 6 號 2 樓

■ 2019 年 08 月 08 日初版 1 刷

Printed in Taiwan

ISBN 978-986-477-690-0
定價 330 元

城邦讀書花園
www.cite.com.tw